Pilzverrückt

Lorraine und Jodie Caley

Pilzverrückt

30 unglaubliche Projekte von Kaffeesatz-Pilzanbau bis Pilzpapier

Aus dem Englischen übersetzt
von Regina Franke

Inhalt

Unser Weg zu den Pilzen

Unsere Reise in den Pilzanbau begann 2018. Wir beide hatten beschlossen, uns deutlich mehr von Pflanzen zu ernähren. Unser Vater war in jenem Jahr an Krebs verstorben. Dieses traurige Ereignis brachte uns dazu, unser Verhältnis zum Essen neu zu definieren.

Wie wohl viele andere haben wir damit begonnen, Fleisch durch mehr Gemüse zu ersetzen – aber es fehlte einfach etwas, und wir waren oft unzufrieden. Als wir aufwuchsen, waren unsere Familienmahlzeiten reichhaltig, deftig und voller Geschmack; jetzt wollten wir etwas von diesem Zauber wiederentdecken. Hartnäckig begannen wir zu recherchieren und fanden einige interessante Kochbücher, die uns die Power der Speisepilze näherbrachten. Natürlich kannten wir die Pilze, die jeder kennt, aber jetzt entdeckten wir Arten, von denen wir noch nie gehört hatten. Sie versprachen neue, aufregende Geschmacksrichtungen und eine dichte, fleischige Konsistenz, und sie waren vollgepackt mit Proteinen, Ballaststoffen, B-Vitaminen und Mineralstoffen. Das war die Magie, die wir suchten.

Beim eifrigen Durchblättern unserer Kochbücher erfuhren wir bald, dass Pilze mariniert, in Scheibchen geschnitten, eingelegt, gegrillt und getrocknet werden können. Man kann aus ihnen Brühen und Soßenbinder machen, sie zum Würzen von süßen oder herzhaften Backwaren verwenden und vieles mehr. Leider war es für uns im Jahr 2018 schwierig, etwas anderes als kleine oder große Champignons zu finden, vor allem bei Frischware. Was „Gourmet-Pilze" hieß, wurde meist um die ganze Welt verschifft, oft in Plastikverpackungen. Ungeachtet des riesigen CO_2-Fußabdrucks waren die Pilze selbst oft bei Weitem nicht so toll wie die, die wir in unseren Kochbüchern gesehen hatten.

Als wir Kinder waren, erlebten wir die Wunder der selbst gezüchteten Pilze aus erster Hand. Unsere Eltern bewahrten ein Anzuchtset unter der Küchenspüle auf, und alle paar Tage gab es eine weitere Handvoll reife Champignons. 30 Jahre später eröffnete uns das Internet den Zugang zu einer ganz neuen Welt. Wir entdeckten, dass man Gourmet-Pilze wie Austernpilze leicht selbst kultivieren kann. Also kauften wir unsere erste Tüte mit Pilzbrut und begannen mit dem Abenteuer Pilzanbau. Nur acht Wochen später ernteten wir unsere ersten Austernpilze.

Im Jahr 2019 hoben wir unsere Faszination für Pilze auf das nächste Level.
Die bleibende Neugier und die ständigen Anfragen von Freunden, Familie und
Kollegen, die unsere köstlichen Pilze probieren wollten, zeugten von einem
echten Run auf lokal bezogene und selbst angebaute Pilze. Nachdem wir
unsere beruflichen Laufbahnen unterbrochen hatten, um Familien zu gründen
und unseren Vater zu pflegen, war der Schritt zur Gründung von Caley Brothers, unserem eigenen Unternehmen, ganz natürlich – und das, obwohl wir
uns als Kinder nicht besonders gut verstanden hatten!

Wir haben das große Privileg, mit dem berühmten botanischen Garten Kew
Gardens zusammenzuarbeiten, wo wir in einem neu gestalteten Küchengarten
unter einem prächtigen Magnolienbaum ein großes Pilzbeet angelegt haben.
In diesem Beet zeigen wir eine Vielzahl von Anbautechniken für köstliche
Pilze. Alle Projekte, die wir dort zeigen, findet ihr auf den Seiten dieses
Buches.

Aber warum „Caley Brothers" und nicht Sisters?! Die Marke „Caley Brothers"
wurde bereits gegründet, lange bevor wir (und sogar unsere Eltern) geboren
wurden. In den 1950er-Jahren starteten unser Großvater und sein Bruder
einen Lebensmittellieferservice. Sie kauften einen riesigen weißen Lastwagen
und statteten ihn innen mit Regalen aus. Jeden Morgen fuhren sie nach

London und beluden ihn mit frischem Obst und Gemüse von den Märkten in Borough und Brentford. Anschließend fuhren sie durch die neuen Wohnsiedlungen von Molesey in Surrey und lieferten frische Produkte direkt vor die Haustüren der Bewohner. Schon bald konnten sie einen Laden in der Molesey High Street eröffnen. Viele Jahre lang führten sie ihr erfolgreiches Familienunternehmen weiter, bis das gepachtete Geschäft verkauft wurde und sie beschlossen, ein neues Unternehmen zu gründen.

Als unsere Großeltern im Jahr 2000 an dem alten Laden vorbeikamen, wurden sie Zeugen, wie die Fassade ihres geliebten Gemüseshops abgerissen wurde. Zu ihrem Erstaunen kam das darunter verborgene handgemalte Originalschild der Caley Brothers zum Vorschein; so sahen wir zum ersten Mal das ursprüngliche Markenzeichen. Mit ihrem Segen haben wir den Familiennamen wiederhergestellt und verwenden die ursprüngliche Marke nun für unser eigenes Unternehmen. Der Name ehrt auch unseren Vater, dessen Verlust eine große Lücke in unserem Leben hinterlassen hat. Der Anbau von Pilzen hat uns wieder zusammengebracht und hält uns auch in seiner Abwesenheit zusammen.

Inzwischen sind wir aus der Garage im Garten unseres Vaters, in der wir mit dem Kultivieren der Pilze begannen, herausgewachsen. Mit wachsendem Interesse und steigender Nachfrage haben wir expandiert und mit weiteren Arten experimentiert, alle auf Substraten aus der Region und oft unter Verwendung von Nebenprodukten der lokalen Industrie gezogen. Der einfache Anbau von Speisepilzen hat uns immer wieder Freude gemacht. Das Wissen, dass praktisch jeder selbst Pilze anbauen kann, treibt uns an, unsere bisherigen Entdeckungen zu teilen. Viele halten den Pilzanbau noch immer für eine große Herausforderung. Wir haben jedoch gelernt, dass es viele einfache und darüber hinaus lustige Möglichkeiten gibt, Pilze zu Hause anzubauen, wenn man die Grundlagen versteht.

Bei Caley Brothers treten wir leidenschaftlich für den Anbau von qualitativ hochwertigen, nachhaltigen und köstlichen Pilzen ein. Wir möchten, dass möglichst viele von euch auch Pilze anbauen! Aus diesem Grund haben wir dieses Buch geschrieben.

Auf den folgenden Seiten geben wir dir die Werkzeuge und Ratschläge an die Hand, mit denen du ohne Fachchinesisch und kompliziertes Equipment loslegen kannst, unabhängig von deinem Platzangebot und deinen Fähigkeiten. Wir hoffen, dass wir dich dazu inspirieren können, es einfach zu versuchen – und mit den Pilzen weiter zu wachsen.

Lorraine und Jodie Caley

Teil 1

Die Pilzanbau-Basics

Warum Pilze anbauen?

Viele von uns erinnern sich an die einfachen Anzuchtprojekte in der Schulzeit:
Wir guckten zu, wie Saubohnen in Einmachgläsern wuchsen und Kressesamen auf in
Eierschalen gestopfter Watte keimten. Für manche von uns ging es dann weiter mit dem
Bewurzeln von Geranienstängeln und dem Setzen unserer ersten Blumenzwiebeln.
Und im Erwachsenenalter pflegen wir vielleicht Zimmerpflanzen und planen die idealen
Blumen- und Gemüsebeete. Doch die wenigsten von uns haben jemals gelernt, wie man
Pilze züchtet! Dabei ist es so einfach – ob du nun ein fertiges Anzuchtset verwendest
oder einfach eine Handvoll Pilzbrut in Kaffeesatz mischst, du kannst innerhalb weniger
Wochen deine erste Pilzernte einfahren. Aber warum überhaupt Pilze kultivieren?

Sie können das ganze Jahr fast überall angebaut werden

Pilze eignen sich perfekt für den Anbau im Haus. Sie sind hervorragende „Zimmerpflanzen", und es gibt eine Vielzahl von Speisepilzen, die das ganze Jahr über daheim
angebaut werden können. Nach der Sommergemüse-Ernte kannst du Pilze auf deinen
Gemüsebeeten ziehen, um so noch eine Winterernte zu haben. Du kannst Pilze sogar
auf Holzstämmen anbauen und sie in deinem Vorgarten wachsen lassen. Bitte bedenke
aber auch, dass Pilze Sporen produzieren, die Allergien auslösen können. Wenn ihr mit
jemandem zusammenlebt, der an einer schweren Krankheit leidet oder dessen Immunsystem geschwächt ist, empfehlen wir euch, die Projekte lieber anderswo zu testen.

Sie wachsen unglaublich schnell

Nach dem Keimen verdoppeln manche Pilze alle zwölf bis 24 Stunden ihre Größe und
können schon nach einer Woche geerntet werden. Im Freien solltest du dich mit der
Ernte beeilen, weil sonst gewisse kleine Viecher sie zuerst für sich beanspruchen.

Sie sind super pflegeleicht

Nach ein wenig Vorarbeit gedeihen die Pilze fast von selbst. Bei den meisten Outdoor-
Projekten musst du nur dafür sorgen, dass das Substrat gut beschattet ist und nicht austrocknet. Teils kann es zwar einige Monate dauern, aber die anhaltende Ernte ist mehr
als genug Lohn. Wenn du den Anbau der Pilze beendet hast und keine Fruchtkörper
mehr gebildet werden, kannst du alle Bestandteile kompostieren und so die Nährstoffe
für dein nächstes Gartenprojekt nutzen.

Sie sind köstlich

Alle selbst angebauten Produkte schmecken besser, und Pilze sind da keine Ausnahme –
der Geschmack, die Beschaffenheit und das Aroma deiner frisch geernteten Pilze sind
schlichtweg umwerfend.

Die Zukunft des Pilzanbaus

Pilze wurden seit der Steinzeit gesucht, gesammelt und gegessen. Ein Beweis dafür sind die Pilzsporen, die man an den Zähnen der Roten Dame von El Mirón fand, deren Überreste ein Archäologen-Team 2010 in Spanien ausgrub – man geht davon aus, dass die Tote etwa 19 000 Jahre alt ist.

Pilzanbau wird wahrscheinlich schon seit Jahrhunderten, wenn nicht noch länger, betrieben. Die ersten Aufzeichnungen über Pilzanbau in westlichen Kulturen stammen jedoch aus der Zeit um 1650.

Es handelte sich um einen Stamm von *Agaricus bisporus*, den klassischen Zucht-Champignon, den wir heute in den meisten Supermärkten finden. Ursprünglich wurden diese Pilze auf Feldern gezüchtet, doch bald entdeckte man, dass man sie auch im Dunkeln heranziehen kann. Daraufhin verlagerte sich der Anbau dieser weitverbreiteten Pilze in Höhlen und unterirdische Stollen – die kühlen, feuchten Bedingungen boten perfekte Wachstumsbedingungen und ermöglichten eine einfache ganzjährige Produktion. Die von den Franzosen eingeführte Technik wurde schnell von anderen Ländern übernommen und ist bis heute die beliebteste Methode für den Anbau von Supermarktpilzen wie Cremini, White Button und Portobello. Ein interessanter Fakt: Alle diese Pilze sind Varianten derselben Pilzart, eben des *Agaricus bisporus*: Sie werden einfach in verschiedenen Stadien ihrer Entwicklung geerntet.

Heutzutage gibt es dank einfacher und moderner Anbaumethoden immer mehr kleinere städtische Betriebe, die eine größere Vielfalt an beeindruckenden und köstlichen Pilzen anbauen, darunter Rosen- und Zitronen-Seitling, Igel-Stachelbart („Lion's Mane") und Nameko. Alle diese Pilze gedeihen auf landwirtschaftlichen Nebenprodukten wie Sägemehl, Sojaschalen und Kaffeesatz. Indem sie sich die Kreislaufwirtschaft zu eigen machen, reduzieren die Kleinerzeuger ihren Abfall beträchtlich, der so nicht auf Deponien landet, und setzen sich für einen umweltfreundlichen und nachhaltigen Ansatz in der Landwirtschaft ein. Gleichzeitig versorgen sie ihre Region mit frischen, qualitativ hochwertigen Produkten.

Man weiß auch, dass einige Pilzarten nicht nur wegen ihres Geschmacks und ihres Nährwerts konsumiert werden, sondern auch wegen ihrer bewusstseinsverändernden Eigenschaften. „Magic Mushroom", Zauberpilz, ist eine gängige Bezeichnung für eine Familie von Pilzen (mit fast 200 Arten!), die die psychoaktiven Chemikalien Psilocybin und Psilocin enthalten. Zauberpilze werden seit Tausenden von Jahren in religiösen und spirituellen Zeremonien verwendet – wir wissen das, weil sie in vielen antiken Skulpturen und spirituellen Kunstwerken auf der ganzen Welt abgebildet sind.

Sie können den Bewusstseinszustand einer Person verändern und Emotionen und Sinneswahrnehmungen verstärken, so dass Menschen ein Gefühl geistiger und emotionaler Klarheit erleben.

Der unregulierte Freizeitkonsum von Magic Mushrooms führte in den 1970er-Jahren zu einem weltweiten Verbot der Herstellung, des Verkaufs und des Konsums aller Psilocybin-Pilze. Dies vereitelte in den folgenden Jahrzehnten jegliche Forschung über die medizinischen Vorteile von Pilzen. Heute wird wieder mehr geforscht, und interessante neue Studien befassen sich nun mit den Vorteilen des Verwendens bestimmter Pilze in Verbindung mit spezieller Beratung als Methode zur Behandlung von psychischen Störungen wie Depressionen und posttraumatischen Belastungsstörungen (PTBS). Der Freizeitkonsum von Magic Mushrooms ist jedoch nach wie vor illegal.

Auch in der Modebranche, im Einzelhandel und im Baugewerbe macht sich die Power der Pilze jetzt bemerkbar. Mit bahnbrechenden Produktionstechniken werden etwa die Vorteile des Myzels genutzt. Das Myzel ist quasi das „Wurzelgeflecht" des Pilzes, das unglaublich schnell wächst und alle losen Materialien in seiner Umgebung schnell miteinander verbindet, indem es seine Hyphen verflicht und so eine feste und stabile Struktur mit einer Oberfläche schafft, die sich weich anfühlt und wasserfest ist.

Produktentwickler – von Verpackungsingenieuren und Modedesignern, die auf der Suche nach neuen Materialien sind, bis hin zu Bauherren, die Dämmstoffe benötigen – suchen nach Möglichkeiten, sich diese natürliche Technologie zunutze zu machen. Dazu wird eine Vorlage mit der gewünschten Form oder Struktur erstellt, die dann mit einem Gemisch aus losen Materialien wie Hanf und Sägespänen aus der Landwirtschaft gefüllt und mit einer speziellen Pilzbrut vermischt wird. Während diese wächst, verklebt sie das lockere Substrat und färbt es innerhalb weniger Tage weiß mit Myzel. Nach der Besiedlung wird das Substrat getrocknet, um seine Form zu bewahren und das Fruchten der Pilze zu verhindern. Im Falle von Verpackungen ist das Endprodukt so vielseitig und haltbar wie Styropor, aber wenn es dem Kompost zugefügt oder im Garten vergraben wird, zersetzt es sich innerhalb weniger Wochen. Myzel-Produkte könnten die dringend benötigte Lösung für das Problem der vielen Einweg-Plastikartikel sein und die Zukunft nicht nur von Lebensmitteln bedeuten, sondern auch von Mode und Architektur! Behaltet mal diesen Einsatzbereich im Blick.

Pilze entmystifizieren

Wir bei Caley Brothers wollen Pilze gern ins rechte Licht rücken – wegen ihrer atemberaubenden Formen, ihres einfachen Wachstums, ihrer ökologischen Vorteile und ihrer kulinarischen Vorzüge. Wir freuen uns, dass die Faszination für Pilze zunimmt. Es hat so viele Vorteile, wenn man sich in der Natur aufhält und alles um sich herum genauer betrachtet, und die Pilzsuche ist eine hervorragende Möglichkeit, dies zu tun. Inzwischen gibt es auch unzählige Apps, die uns beim Identifizieren von Funden helfen können, ohne dass wir die gleich sammeln müssen. Du wirst feststellen, dass einige Pilze jedes Jahr an den gleichen Stellen wachsen, während andere uns überraschen und förmlich über Nacht auftauchen.

Freund oder Feind?

Die Vorbehalte gegen wild wachsende Pilze haben sich über Generationen aufgetürmt, was zum Teil auf die Verstädterung und das Angebot in Supermärkten zurückzuführen ist. Hier wird meist das ganze Jahr über ein – sehr eingeschränktes – Angebot an leicht erkennbaren Pilzprodukten angeboten. Diese Bequemlichkeit hat dazu geführt, dass wir uns innerlich von den Wäldern und Wiesen entfernt haben, die uns früher eine Fülle frischer und saisonaler Lebensmittel schenkten. Im Laufe der Zeit ist so das einzigartige kulturelle und kulinarische Wissen weitgehend verloren gegangen, so dass Pilze nun von Geheimnissen geradezu umwabert sind.

Unsere ersten Begegnungen mit Wild- und anderen Pilzen finden oft über Märchenbücher statt: Viele zeigen den farbenfrohen, aber giftigen Fliegenpilz. Sein markantes Rot und die weißen Flecken heben sich auffallend vom dunklen Waldboden ab – ein eindrucksvoller erster Eindruck vom Fruchtkörper eines Pilzes. Aber natürlich werden wir vor Fliegenpilzen gewarnt. Wenn wir älter werden, bleiben die Geschichten über giftige Pilze in unserem Unterbewusstsein – wie ähnlich sie ihren essbaren Gegenstücken sind und wie schädlich oder sogar lebensbedrohlich sie sein können. Terry Pratchett sagte einmal: „Alle Pilze sind essbar, einige Pilze sind nur einmal essbar". Ob giftig oder nicht, das Auftreten von Pilzen kann als gutes Zeichen gewertet werden: für die biologische Vielfalt und eine gute Bodengesundheit. Sie sind die Zersetzer der Natur – ohne sie würden sich organische Abfallstoffe ansammeln und unsere Böden verarmen. Wenn du also Pilze in den Töpfen deiner Pflanzen, in Hochbeeten oder frisch gemähtem Rasen siehst, mach dir keine Sorgen – das ist nichts Schlimmes. Es bedeutet einfach, dass das Myzel unter der Erde gut gedeiht, Nährstoffe in den Boden transportiert und Pflanzen zu einem kräftigen, gesunden Wachstum verhilft.

Häufige Irrtümer

Eines der größten Vorurteile gegenüber Pilzen ist, dass sie nur im Dunkeln wachsen – ein Irrglaube aus dem „modernen" Pilzanbau. Es stimmt, dass die klassischen Cremini-, White-Button- und Portobello-Champignons im Dunkeln wachsen. Große Pilzfarmen kultivieren sie auf Gestellen aus sterilisiertem Dung und stapeln sie dicht, um die Produktionskosten niedrig zu halten.

Bei den meisten Pilzen trägt das Licht jedoch dazu bei, die Fruchtkörperbildung einzuleiten, ein gesundes Wachstum zu fördern und einigen Arten ihre intensive Farbe zu verleihen. Lichtmangel kann die Form, die Farbe und das Wachstum eines Pilzes verändern. Tatsächlich werden Zuchtpilze manchmal vor dem Verpacken ultraviolettem Licht ausgesetzt. Es ermöglicht den im Dunkeln herangezogenen Pilzen, sich mit Vitamin D zu versorgen – einem lebenswichtigen Vitamin. Alle Pilze besitzen das Potenzial, es zu produzieren, wenn sie direktem Sonnenlicht ausgesetzt sind.

Um eure gekauften Pilze selbst damit aufzutanken, legt sie einfach eine Stunde lang in die Sonne (Seite 140).

Als Carl von Linné im 18. Jahrhundert seine binäre Nomenklatur zur Einteilung von Pflanzen und Tieren erfand, wurden Pilze noch als Pflanzen betrachtet. Erst 1969 erhielten sie schließlich ihr eigenes Reich. Während dieser langen Zeit der falschen Klassifizierung wurde aber der Großteil der gängigen Terminologie für Pilze festgelegt, weshalb wir viele Aspekte von Pilzen immer noch mit Pflanzenbegriffen beschreiben. Jedoch stehen sie den Tieren viel näher: Sie stellen ihre Nahrung nicht selbst her, wie es Pflanzen tun. Stattdessen produzieren sie ähnlich wie Tiere Enzyme, die ihre Nahrung verdauen, bevor sie deren Nährstoffe aufnehmen können. Bei Tieren findet dieser Prozess im Inneren statt, während bei Pilzen die Enzyme aus ihren Hyphen ausgeschieden werden und die Nahrung so aufgespalten wird. Pilzen fehlt Chlorophyll, das in Pflanzen vorkommt und für die Fotosynthese unerlässlich ist, den Prozess, bei dem Pflanzen Licht, Wasser und Kohlendioxid in Sauerstoff und einfache Zucker umwandeln, die sie zum Wachstum benötigen.

Anders als Pflanzen enthalten Pilze Chitin. Obwohl es der Zellulose in den Zellwänden von Pflanzen ähnelt, wird es eher mit Insekten und Schalentieren in Verbindung gebracht; es ist Bestandteil der Exoskelette vieler wirbelloser Tiere.

Wichtige Begriffe

Als „**Pilz**" bezeichnen wir oft nur den Fruchtkörper eines Pilzes, seinen im Unterschied zum Myzel oberirdisch wachsenden, sichtbaren Teil. Nicht alle Pilze bilden Fruchtkörper aus.

Der **Stiel** des Pilzes trägt dessen Hut.

Der Pileus oder **Hut** ist die obere Struktur des Pilzes und besitzt beispielsweise Lamellen, Röhren oder Poren. Er kann unterschiedliche Formen und Größen haben.

Sporen sind mikroskopisch kleine, einzellige Fortpflanzungseinheiten, die von Pilzen freigesetzt werden, sobald diese ihre Reife erreicht haben. Sie sind vergleichbar mit den Samen einer Pflanze.

Hyphen sind die langen, verzweigten, fadenförmigen Strukturen eines Pilzes.

Sie sind mikroskopisch klein und können sich schnell ausbreiten. Pilzhyphen setzen Verdauungsenzyme frei, um Nährstoffe aus ihrer Nahrungsquelle aufzunehmen.

Als Myzel bezeichnet man die kollektive Masse der Pilzhyphen.

Ein **Hyphenknoten** ist das erste Stadium eines Pilzfruchtkörpers. Die einzelnen Hyphenstränge bündeln sich und bilden sichtbare Beulen auf der Oberfläche des Myzels, als Vorbereitung für das Wachstum eines Fruchtkörpers.

Das **Primordium** ist in der Regel der erste Blick auf eure neuen Babypilze – wir nennen sie „Pinpoints", „Stecknadeln", weil sie manchmal wie deren Köpfe aussehen.

Das **Velum** ist die dünne Membran, welche den Hut – teils auch nur dessen Unterseite – bedeckt und mit dem Stiel eines jungen Pilzes verbunden ist. Wenn der Pilz wächst und ausreift, reißt es auf und legt die Lamellen oder Poren frei.

Die **Pilzbrut** ist eine Art Vorsubstrat, welches die Grundlage für das Wachstum der Pilze bildet. Sie besteht in der Regel aus einem bestimmten Pilzmyzelstamm, Getreide oder Sägemehl und dient als Träger und Nährstoff für das Myzel.

Das **Substrat** ist eine Mischung aus nährstoffreichem organischem Material, von dem sich die Pilze ernähren und auf dem sie wachsen. Verschiedene Pilzarten bevorzugen unterschiedliche Mischungen von Substraten.

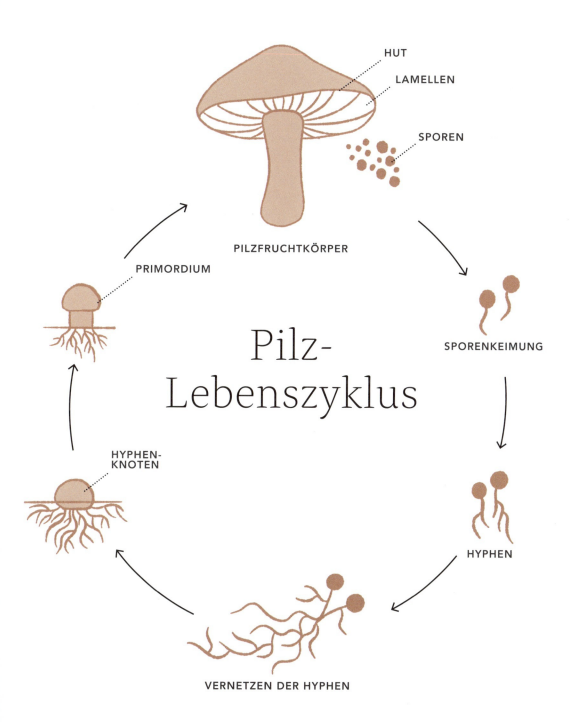

HUT

LAMELLEN

SPOREN

PILZFRUCHTKÖRPER

PRIMORDIUM

SPORENKEIMUNG

Pilz-Lebenszyklus

HYPHEN-KNOTEN

HYPHEN

VERNETZEN DER HYPHEN

Pilze essen

Pilze können auf verschiedene Weise verzehrt werden. Frisch bietet sich natürlich immer an, aber man kann halt nur eine gewisse Menge frischer Pilze pro Tag essen.

Geschmack

Wenn du deine eigenen Pilze züchtest, eröffnen sich dir völlig neue Geschmackswelten. Die meisten Pilze lassen sich nicht gut transportieren – sie mögen keine versiegelten Umgebungen, plastikartige Oberflächen oder Minusgrade, weshalb viele verpackte Supermarktpilze schnell feucht und schleimig werden. Wenn ihr nicht das Glück habt, frische Pilze von einem örtlichen Erzeuger beziehen zu können, ist der Anbau eigener Pilze die beste Möglichkeit, frische Pilze zu genießen.

Frische Pilze haben einen ausgeprägt erdigen Geschmack und enthalten oft Anklänge von vertrauten Aromen, die wir mit anderen Lebensmitteln in Verbindung bringen. Zitronen-Seitlinge besitzen zum Beispiel einen nussig-cremigen Geschmack, der an Cashewkerne erinnert.

Die Vielfalt und auch die Intensität des Geschmacks eines Pilzes wird oft als „umami" beschrieben. Umami ist die fünfte unserer Hauptgeschmacksrichtungen – nach süß, sauer, salzig und bitter – und steht für das Geschmackserlebnis, das man beim Verzehr von etwas Herzhaftem hat.

Zubereitung

Ein ständiger Vorrat an frischen Pilzen hat uns geholfen, unsere Kochtechniken zu verfeinern. Pilze enthalten sehr viel Wasser, das beim Garen freigesetzt wird, und als Kinder fanden wir diesen Sud unappetitlich – er machte die Pilze schleimig und unattraktiv. Heute, als Erwachsene, haben wir einen feineren Gaumen und genießen den Pilzsud wegen seines vielfältigen Geschmacks. Wenn du jedoch vermeiden möchtest, dass beim Garen zu viel Wasser austritt, kannst du einfach weniger wasserhaltige Pilze wie Zitronen- oder Rosen-Seitlinge nehmen; sie werden beim Braten in etwas Öl schön knusprig. Aber dabei nicht drücken und stochern! Wenn du die Pilze in einer flachen Pfanne nur kurz anbrätst und nach der Hälfte der Zeit einmal wendest, bekommen sie eine schöne goldbraune Farbe und bleiben fest.

Wo wir gerade beim Thema Zellwände sind – wir haben bereits erwähnt (Seite 17), dass Pilze Chitin enthalten, eine faserige Verbindung, die ein Hauptbestandteil der Exoskelette von Meereskrustentieren und allen Insekten sowie von Pilzen ist.

Chitin kann bei Rohverzehr schwer verdaulich sein. Wenn ihr jemanden kennt, der sowohl Meeresfrüchte als auch Pilze nicht verträgt, kann es sein, dass das Chitin daran schuld ist. Durch Garen werden aber die Chitinstrukturen in den Zellwänden abgebaut und die Pilze so leichter verdaulich.

Unsere Extra-Tipps: Ernte deine Speisepilze früh und esse sie sofort (Seiten 136–158). Du kannst deine Pilze auch backen oder braten, beides intensiviert ihren Geschmack.

Getrocknete Pilze sind ebenfalls eine beliebte Möglichkeit, Pilze in die täglichen Mahlzeiten einzubauen. Das Trocknen intensiviert Aromen und Geschmack (Seiten 140–143) – es verleiht dem Igel-Stachelbart seinen karamellartigen Unterton und den Rosen-Seitlingen ihre Grundnote von glasiertem Speck. Zu Pulver gemahlen können Pilze als Geschmacksverstärker, zum Andicken von Soßen oder für Brühen verwendet werden. Versucht doch mal, sie euren Schokoladen-Brownies und Brotmischungen oder Kaffee, heißer Schokolade und Tees beizumischen.

Medizinische Eigenschaften

Neben ihren kulinarischen Eigenschaften sind Speisepilze auch für ihre medizinischen und adaptogenen Qualitäten bekannt – Adaptogene sind natürliche Substanzen, die dem Körper bei der Stressbewältigung helfen sollen. Pilze werden seit Jahrhunderten weltweit zur Heilung vieler Beschwerden eingesetzt. Man nimmt an, dass sie zur Stärkung des Immunsystems und der Gehirnfunktion beitragen, Entzündungen, Müdigkeit und chronische Stoffwechselkrankheiten lindern und antibakterielle Wirkstoffe enthalten.

Einige Heilpilze sind schwieriger zu konsumieren als andere. Wird etwa der Reishi, ein langsam wachsender, faseriger Pilz, roh verzehrt, ist es, als würde man auf einem Holzstab herumkauen. Zudem schmeckt er sehr bitter. Er wird daher am besten als Pulver oder in einer Tinktur eingenommen. Pulver kann man leicht herstellen, indem man die Fruchtkörper des Pilzes trocknet und sie dann fein mahlt. Andere holzige Pilze wie die Schmetterlingstramete können ähnlich verarbeitet werden.

Die in den Zellwänden dieser Pilze gebundenen wasserlöslichen Inhaltsstoffe können auch durch ein Bad in kochendem Wasser extrahiert werden. Das erleichtert zudem die Aufnahme der Nährstoffe. Die nicht wasserlöslichen Verbindungen können gewonnen werden, indem man die Pilze 2–6 Wochen in lebensmittelechten Alkohol legt.

Die Pilzsaison

Die Pilzsaison beginnt in gemäßigten Klimazonen traditionell im Frühherbst, wenn die Hitze des Sommers nachlässt und die Nächte kühler werden, und dauert bis weit in den Spätherbst hinein. In Verbindung mit häufigen Regenschauern bietet diese Zeit die idealen Bedingungen für das Pilzwachstum. Danach, im Winter, verlangsamt es sich.

Wir sagen „aus dem Boden schießen", weil die meisten Pilze fast über Nacht zu wachsen scheinen. Ist ein Pilz bereit, Fruchtkörper zu bilden, werden alle Zellen, die er für das Wachstum benötigt, in einem neuen Hyphenknoten gebildet. Über Nacht schwellen die Zellen an und nutzen die vermehrte Feuchtigkeit in der Umgebung, um sich zu teilen und ihre Anzahl innerhalb weniger Stunden drastisch zu erhöhen. Die meisten Pilze bestehen zu 80–90 % aus Wasser, sie können sich so rasch wieder zersetzen, wie sie entstanden sind.

Obwohl der Herbst die Hauptsaison ist, können Pilze das ganze Jahr über wachsen. Obwohl die Winterkälte für gewöhnlich das Wachstum des Myzels verlangsamt, geht dieses nicht in einen kompletten Ruhezustand über, sondern wartet auf steigende Temperaturen, bevor es sich auf die Fruchtkörperbildung vorbereitet. Im Sommer, wenn der Regen nur spärlich fällt und der Boden trocken bleibt, stoppt der Feuchtigkeitsmangel jede spontane Fruchtkörperbildung und das Myzel konzentriert sich auf sein eigenes Wachstum.

Die Hyphen dehnen sich Zelle für Zelle aus, genau wie die Wurzeln einer Pflanze, und dringen auf der Suche nach Nährstoffen tief in den Boden oder das Holz ein.

Die Speise-Morchel ist traditionell einer der ersten Pilze, die das Myzelwachstum in Gang setzen. Am Ende der Saison ist wiederum der Austernpilz dafür bekannt, dass er nach den ersten Frösten oder Schneefällen des Winters Fruchtkörper bildet, und zwar so lange, bis es wieder wärmer wird.

Wie überall in der Natur gibt es immer wieder Ausnahmen von der Regel – ein Kälteeinbruch im Winter oder überdurchschnittlich hohe Frühlingstemperaturen können bei anderen Pilzarten ein Wachstum außerhalb der Saison auslösen. Wenn der Sommer sehr feucht war, nutzen die Pilze die Hitze und die Feuchtigkeit optimal aus.

Wenn du den Anbau im eigenen Garten in Erwägung ziehst, kannst du wärme- oder kälteverträgliche Sorten von Pilzbrut beziehen, je nachdem, wann du ernten möchtest. Der Vorteil einer Anzucht in Innenräumen ist die konstante Umgebungstemperatur, die sich perfekt für die Kultivierung einer Vielzahl von Speisepilzen übers Jahr hinweg eignet. Durch regelmäßiges Gießen und gelegentliche Kälteschocks (einige Stunden im Kühlschrank) werden die natürlichen Bedingungen der jährlichen Pilzsaison simuliert.

Am Hauptsitz der Caley Brothers betreiben wir eine kleine städtische Pilzzucht.

Wir folgen den Jahreszeiten, indem wir Pilzarten anbauen, die im Winter kühlere Temperaturen bevorzugen, und solche, die im Sommer wärmeres Wetter mögen, und können mit elektrischer Beleuchtung und Feuchtigkeitsregelung eine gleichmäßige Ernte sicherstellen. Dieser umweltfreundliche Ansatz ermöglicht es uns, das ganze Jahr über eine Vielzahl von Pilzen anzubauen.

Pilzpflege-Basics

Es ist wie bei anderen Dingen auch – wenn man die Grundlagen versteht, gelingt der Anbau unterschiedlicher Pilze einfach und effektiv.

Wenn du Pilze im Haus züchtest, kannst du sie zu jeder Jahreszeit und bei jedem Wetter ernten. Das Wachstum in Innenräumen erfolgt in kurzen Schüben. Nachdem du dein Anzuchtset in Betrieb genommen und regelmäßig bewässert hast, wirst du die Früchte deiner Arbeit in nur wenigen Wochen sehen. Einige Pilzarten, wie z. B. Austernpilze, können in nur einer Woche wachsen. Anzuchtsets anderer Pilze wie Reishi und Cordyceps sind quasi selbsterhaltend: Die Pilze wachsen in ihrer selbstkontrollierten Umgebung, ganz ohne Bewässerung. Eine gleichmäßige Temperatur und die richtige Lichtmenge reichen aus.

Der Anbau im Freien ist arbeitsintensiver, und es dauert auch länger, bis die Pilze erscheinen. Größere Projekte wie das Baumstamm-Projekt (Seite 86) und das Morchelbeet (Seite 124) können eine Weile brauchen,

um sich zu entwickeln. Der Schlüssel zum Erfolg ist Geduld und die Wahl des richtigen Standorts. Bei regelmäßiger Bewässerung, einem schattigen Standort und viel Zeit solltest du dich über Jahre hinweg an einer üppigen Ausbeute an Pilzen erfreuen können. Ein jährliches Auffüllen mit frischer Pilzbrut und Substrat fördert zudem das weitere Wachstum.

Der häufigste Grund für das Scheitern von Anbauprojekten und beimpften Holzstämmen ist Austrocknen. Als Faustregel gilt: Vergesst nicht, eure Pilzprojekte zu bewässern. Wenn sich euer Substrat zu trocken anfühlt, ist es das wahrscheinlich auch. Aber bevor ihr kräftig gießt, solltet ihr euch vergewissern, dass es unter der Oberfläche nicht wassergesättigt ist. Es ist zwar schwierig, Pilze zu viel zu gießen, aber nicht unmöglich.

Zu viel Wasser auf einem neu angelegten Pilzbeet kann die frische Brut, die du eingebracht hast, wegspülen und sogar das Myzel zum Absterben bringen. Das lebende Myzel braucht Sauerstoff, um zu gedeihen. Lasse in diesem Fall das überschüssige Wasser ablaufen und das Substrat abtrocknen, bis es nur noch feucht ist. Füge kein weiteres Wasser hinzu, bis du sicher bist, dass es trocken genug ist, um eine erneute leichte Bewässerung zu vertragen. Zu viel Wasser im Substrat könnte auch dazu führen, dass sich anaerobe Bakterien vermehren und es verrottet. In diesem Fall solltest du den Standort des Projekts überdenken; wähle einen Bereich mit besser drainierendem Boden oder einen Ort, der weniger dem Regen ausgesetzt ist. Wenn es sich um ein völlig vernässtes Innenprojekt handelt, das zu stinken begonnen hat, ist es vielleicht auf dem Komposthaufen besser aufgehoben.

Regelmäßiges Inspizieren des Anzuchtsets oder ein Blick unter die Holzhäcksel sind wichtig, um den Feuchtigkeitsgehalt zu beurteilen und sicherzustellen, dass sich das Myzel gut etabliert. Ein gutes Zeichen ist es, wenn du sehen kannst, dass das Myzel beginnt, das Substrat zu überziehen: Eine saubere, weiße, wachsartige Schicht wächst über und durch das Material. Das Substrat sollte sich immer feucht anfühlen und frisch riechen.

Wir haben uns schon immer für den Grauen Austernpilz sowohl im Indoor- als auch für den Außenanbau eingesetzt. Dieser beste Freund des Anfängers ist eine Sorte, die gut wächst, Kontaminationen oft wegsteckt und es auch verzeihen kann, wenn sie ein paar Tage lang vernachlässigt wird. Ein vergessenes Anzuchtset für Graue Austernpilze kann manchmal mit Einweichen in einem Eimer Wasser über Nacht wieder zum Leben erweckt werden – oder du bewahrst es zwischen den Wachstumszyklen für ein paar Wochen im Kühlschrank auf.

Was du brauchst

Dunkelheit und konstante Temperaturen

Im Innenbereich ist ein dunkler Schrank der perfekte Ort für die Inkubationsphase des Pilzanbaus. Es ist wichtig, dass du die Umgebungstemperatur konstant halten kannst – häufige Schwankungen können das Wachstum des Myzels stagnieren lassen und Schimmelpilze und Bakterien dazu bringen, das Substrat zu kontaminieren. Du erkennst das daran, dass auf dem Set grüne Flecken erscheinen oder es einen ranzigen Geruch entwickelt. Das Myzel der Grauen Austernpilze verzeiht oft Kontaminationen und wächst trotzdem. Eine größere Menge an Pilzbrut in deinem Substrat ist eine gute Möglichkeit, die Erfolgschancen zu erhöhen, aber eigentlich unnötig, wenn du die Anbaurichtlinien genau befolgst.

Pflanzbeutel

Diese Beutel heißen auch Einhornbeutel. Du kannst sie online oder bei deinem Pilzbrut-Lieferanten bestellen. Sie sind in verschiedenen Größen erhältlich und bieten die perfekte Umgebung für die Inkubation des Substrats. Das einzelne Filterfeld sorgt für einen ausreichenden Luftaustausch, gleichzeitig ist das Risiko einer Kontamination auf ein Minimum beschränkt. Achte darauf, dass du den Filter während der Inkubationsphase nicht abdeckst.

Desinfektionsmittel

Zum Sterilisieren aller Oberflächen, Geräte, Behälter und deiner Hände brauchst du ein lebensmitteltaugliches Desinfektionsmittel auf Alkoholbasis. Lies bitte vor der Verwendung die Gebrauchsanweisung.

Stroh

Manches als Haustierstreu verwendete Stroh ist mit Eukalyptus oder Teebaum vorbehandelt; beide Stoffe haben antimykotische Eigenschaften und behindern das Myzelwachstum. Achte daher immer darauf, dass du unbehandeltes Stroh verwendest. Heu ist nicht das Gleiche wie Stroh, und wir empfehlen es nicht als Substrat.

Die passende Pilzbrut

Pilzbrut ist eine einfache Vorkultur, die mit Myzel beimpft wurde. Es gibt sie in vielen Formen, aber das, worauf wir uns bei unseren Projekten konzentrieren, sind Getreide- und Sägemehlbrut sowie Pilzdübel zum Beimpfen von Baumstämmen.

Jedes Projekt erfordert eine andere Methode. Einige Pilzarten wachsen unter unterschiedlichen Bedingungen: So gibt es beispielsweise bei Kälte oder bei Wärme Fruchtkörper bildende Varianten von Igel-Stachelbart, Shiitake und Grauem Austernpilz. Für kleine Indoor-Projekte kannst du gut Getreidebrut verwenden, für größere Projekte im Freien Sägemehlbrut. Beides ist für beide Projekte geeignet, aber Körnerbrut kann bei Verwendung im Freien Schädlinge anziehen.

Deine Pilzbrut kann bereits erstes Myzel aufweisen, das die Substratpartikel zusammenhält. Du kannst versuchen, Pilze direkt aus der Packung Pilzbrut heranzuziehen, aber sie enthält nicht so viele Nährstoffe, und wir möchten ja eine möglichst große Ernte erzielen. Deshalb empfehlen wir, deine Pilzbrut mit anderen Substraten zu vermischen – das nährt sie und fördert die Bildung von mehr Fruchtkörpern.

Je umfangreicher das Projekt und je fester das gewählte Substrat, desto länger kann es dauern, bis sich die Pilzbrut ansiedelt: 1 kg Kaffeesatz kann zum Beispiel in nur 21 Tagen vollständig besiedelt und wachstumsbereit sein, während ein dicker Klotz frisch gefälltes Laubholz 9–24 Monate brauchen kann. Du wirst im Laufe einiger Jahre viel mehr Pilze von deinem Holzstamm erhalten als von deinem Kaffeesatz, der nur ein paar Monate lang Früchte trägt, bevor er reif für den Kompost ist.

Frische Pilzbrut ist der Schlüssel zu einem erfolgreichen Anbau. Wende dich immer an einen seriösen, engagierten Lieferanten.

Achte darauf, dass du deine Brut gemäß den Anweisungen des Lieferanten aufbewahrst und innerhalb des empfohlenen Zeitrahmens verwendest.

Die richtige Aufbewahrung der Brut hängt von der Pilzsorte und den Vorgaben des Lieferanten ab. Meist sollte sie jedoch bis zur Verwendung im Kühlschrank aufbewahrt werden. Beachte auch, dass nicht alle Zuchtlinien es mögen, bei niedrigen Temperaturen oder zu lange gekühlt zu werden, während einige durchaus einige Monate bei Temperaturen nahe dem Gefrierpunkt gelagert werden können.

Holz

Für eine Reihe unserer Outdoor-Projekte verwenden wir frisch geschlagenes Holz. Dann hatte kein anderer Pilz die Chance, das Holz zu besiedeln, und es ist noch nicht ausgetrocknet. Die besten Ergebnisse erzielst du, wenn du Laub- oder Obstbaumholz verwendest. Wende dich an deinen Pilzbrut-Lieferanten, um sicherzugehen, dass du die beste Brut für die dir zur Verfügung stehende Holzart kaufst.

Unsere fünf Erfolgstipps

Stelle sicher, dass Hände, Arbeitsflächen und Equipment sauber sind

Schimmel kann die größte Bedrohung für dein Pilzanbauprojekt werden.

Deshalb raten wir dir, vor Beginn eines Anbauprojekts die Arbeitsflächen und -geräte zu desinfizieren.

Wenn du Pilze züchtest oder mit der Beimpfungsphase startest, willst du die besten Bedingungen für das Gedeihen des Myzels schaffen. Zu unserem Pech sind diese Bedingungen aber auch ideal für Bakterien und andere, unerwünschte Pilze, einschließlich Schimmelpilze. Saubere Hände und Geräte sind also der beste Weg, um die Eindringlinge in Schach zu halten.

Bestelle Pilzbrut und Anzuchtsets bei seriösen Anbietern

Frische ist immer optimal und oft ist die einzige Möglichkeit, sie zu garantieren, der direkte Weg zu lokalen, seriösen Lieferanten. Es liegt auch in deren Interesse, dir das beste Produkt für deine neue Pilzleidenschaft zu liefern.

Mische die Pilzbrut-Typen nicht

Vielleicht gefällt dir die Vorstellung, dass in deinen Anzuchtsets oder auf den Stämmen zwei verschiedene Pilzarten wachsen. Beim Mischen wird jedoch stets die stärkere Art die schwächere dominieren. Die Erfolgsquote der dominanten Brut wird verringert, das Potenzial der weniger dominanten ausgelöscht. Es besteht die Gefahr, dass keine von beiden überlebt.

Schütze dein Projekt vor direktem Sonnenlicht und sorge für ausreichend Feuchtigkeit

In der freien Natur sind Pilze oft in schattiger, feuchter Umgebung zu finden. Wenn du deine eigenen Pilze züchtest, musst du diese Bedingungen in Innenräumen (durch Besprühen des Anzuchtsets und Schutz vor direkter Sonne) oder im Freien (mit regelmäßiger Bewässerung) nachbilden. Trockenheit durch zu viel Sonnenlicht verringert die Erfolgsaussichten.

Sorge für gute Belüftung – in jeder Anbauphase

Gute Luftzirkulation ist für den Erfolg vieler Pilzanbauprojekte wichtig. Wie wir nehmen auch Pilze Sauerstoff auf und scheiden Kohlendioxid aus, sogar während der Inkubationsphase. Deshalb verwenden wir für unsere kleineren Projekte spezielle Filterbeutel, die es dem Myzel ermöglichen zu atmen. Während des Wachstumsprozesses kann der Sauerstoffgehalt die Form der Pilze verändern. Wenn die Luft stagniert, führt eine Anreicherung von CO_2 dazu, dass die Hüte von Austernpilzen kleiner und die Stiele länger werden. Aber auch zu viel Luft zeigt Wirkung: Wenn Stachelbärte im Durchzug wachsen, werden sie braun und trocknen aus.

Manchmal kann die bewusste Veränderung der Umgebung zu faszinierenden Ergebnissen führen, wie bei den skulpturalen „Geweihen" der Reishi-Anzuchtsets.

Ernten

Für uns ist jede Phase des Pilzanbaus die beste Phase: die Vorfreude, wenn man alles vorbereitet; das Beobachten und Warten und wieder Beobachten; die Aufregung, wenn man merkt, dass die ersten Pilze kurz vor der Fruchtkörperbildung stehen.

Wir kultivieren nun schon seit vielen Jahren Pilze, aber unsere eigene Ernte erfüllt uns immer noch mit Stolz. Das Wissen, dass das, was man da selbst angebaut hat, nicht nur wunderschön ist (unabhängig von seiner Form), sondern auch köstlich schmeckt, macht einfach glücklich.

Wir werden oft gefragt, wann und wie man Pilze erntet. Dazu gibt es eine Fülle von Wissen und genaue Beschreibungen in eurem gekauften Anzuchtset und den Projektanleitungen, aber auch in Ratgeberbüchern und im Internet.

Der erste und wichtigste Schritt bei wilden Waldpilzen besteht darin, jeden Pilz, den du ernten willst, richtig zu bestimmen. Dazu musst du Folgendes beurteilen: seinen Standort, sein allgemeines Aussehen, einschließlich Stiel, Hut, gegebenenfalls Lamellen und Velum, seine Sporenabdrücke und sein Fleisch. Wenn du dir dann sicher bist, dass es sich um einen bestimmten Pilz handelt, entferne ihn mit den Händen oder einem scharfen Messer so nah wie möglich an der Basis.

Ihr solltet auf keinen Fall Pilze verzehren, wenn ihr nicht 100 %-ig sicher seid, um welche Art es sich handelt.

Zeitpunkt der Ernte

Ein sicheres Zeichen dafür, dass ein Pilz die Reife erreicht hat, ist, wenn seine Lamellen oder Poren offen liegen und er beginnt, Sporen zu produzieren. Sobald die Pilze erntereif sind und eine Vielzahl von Sporen freisetzen, wirst du feststellen, dass der Boden des Indoor-Anzuchtkastens davon bedeckt ist. Der Sporenstaub unter dem Set kann mit einem feuchten Tuch abgewischt werden.

INDOOR-ANBAU

In der Regel solltest du alle Fruchtkörper auf einmal ernten. Es ist meist nicht sinnvoll, einige der größeren Pilze zu ernten und den Rest weiterwachsen zu lassen. Wenn man sie nicht erntet, beginnen die verbleibenden Pilze auszutrocknen.

Ausnahmen von dieser Regel sind Cremini- und White-Button-Champignons. Sie bilden ihre Fruchtkörper sporadisch und können einzeln geerntet werden, sobald sie die gewünschte Größe erreicht haben.

Lasse das Substrat nach dem Ernten eine Zeitlang ruhen. So kann sich das Myzel erholen – für die nächste Ausbeute.

OUTDOOR-ANBAU

Im Freien werden deine Pilze weiterhin ab
und an Fruchtkörper bilden, die du am besten
erntest, sobald sie erscheinen. Es empfiehlt
sich, eher etwas früher zu pflücken, denn auch
die Kleintiere in deinem Garten werden sich an
den köstlichen frischen Pilzen laben wollen –
du solltest also zuerst da sein.

Wie man erntet

Schneide die Pilze mit einem scharfen Messer
oder einer Schere an der Basis ab; versuche
nicht, das Myzel aus dem Substrat zu reißen.

INDOOR-ANBAU

Schneide den Pilzstiel an der Basis ab und
lass die Basis stehen, wenn du das ganze Pilzbüschel respektive alle Fruchtkörper entfernst,
um eine Kontaminierung zu vermeiden.

OUTDOOR-ANBAU

Wenn du im Freien erntest, ob zuhause oder
woanders, musst du immer dafür sorgen, dass
du eindeutig bestimmbare essbare Pilze
pflückst, denn der Outdoor-Anbau birgt stets
ein hohes Risiko der Kontamination durch
Sporen von Wildpilzen.

Aufbewahren

Frisch geerntete Pilze halten sich gut einige
Tage im Kühlschrank. Am besten bewahrt man
sie in einer Papiertüte auf oder legt sie auf ein
Stück Küchenpapier. In einem verschlossenen
Behälter schwitzen sie und verderben schnell.
Um die Haltbarkeit deiner Pilze zu verlängern,
kannst du sie auch trocknen (Seite 140).

Verbrauchtes Substrat

Pilzsubstrat ist eine Mischung aus organischem Material und frischer Pilzbrut. Während der Inkubationszeit bildet die Brut das Myzel. Unter den richtigen Bedingungen wird das Substrat dann eine wunderbare Pilzkultur hervorbringen.

Verbrauchtes Substrat ist ein natürliches Nebenprodukt jeder Pilzkultivierung. Wenn die letzten Pilze geerntet und die Nährstoffe aufgebraucht sind, bleibt ein Substrat übrig, in dem es von lebendem Myzel wimmelt, das darauf wartet, weitere Nährstoffe zu finden, um wieder zu gedeihen. Dieses alte Pilzsubstrat – oder was wir hier im Hauptquartier der Caley Brothers gerne als „Gärtnergold" bezeichnen – kann wahre Wunder für deinen Garten bewirken. Wir empfehlen, es in den Kompost zu geben, im Garten zu vergraben oder auf Topfpflanzenerde zu bröckeln (Seiten 112, 116 und 128). Myzel ist der Schlüssel zu einem gesunden Boden. Es kann mit dem Boden und den Pflanzen im Garten eine symbiotische Beziehung eingehen, bei der die Partner Nährstoffe austauschen, so dass sowohl Pilze als auch Pflanzen gedeihen können (Seiten 108 und 116). Das Myzel ist ein natürlicher Zersetzer, es baut organische Abfälle ab. Dabei nimmt es die benötigten Stoffe auf und wandelt sie in verdauliche Nährstoffe für die umliegenden Pflanzen um – aber nicht, bevor es unter günstigen Umständen nicht noch eine letzte Pilzernte produziert hat.

Myzel dringt tief in den Boden ein – oft unterstützt von Würmern, die es nach unten ziehen und dabei den Boden belüften – und vergrößert so die Reichweite der meisten Wurzeln eurer Gartenpflanzen. In den trockenen Monaten greift es auf tiefe Wasserreserven zurück und unterstützt das Pflanzenwachstum mit Nährstoffen, die sonst unerreichbar wären.

Wir sind Pilzzüchter und kennen uns daher nicht so gut mit der Gartenpraxis aus. Aber unter Berücksichtigung dessen, was wir über das Myzel herausgefunden haben, sind wir klar für einen „No-Dig-Ansatz" bei der Gartenarbeit. Durch die Bodenbearbeitung wird das Myzelnetz im Oberboden zerfetzt, der Boden aufgebrochen und das Erosionsrisiko erhöht.

Das Myzel wird oft als das Ei in der Backmischung beschrieben, als das Bindemittel, das alle wichtigen Zutaten zusammenhält. So werden auch große Mengen an Kohlenstoff gebunden. Jedes Mal, wenn wir den Boden umgraben, werden diese Bindungen gelöst und der Kohlenstoff wird wieder in die Atmosphäre freigesetzt. Das Myzel erholt sich zwar recht schnell, aber der Schaden ist dennoch groß.

Pilz-Streifzüge

Der Anbauprozess hat echten therapeutischen Wert. Wir Geschwister wollten gern gemeinsam Pilze für eine bessere Ernährung kultivieren, aber bald wurde es mehr als das.

Wir lernten das Anbauen als Verbindung zur Natur schätzen. Daraus folgte der Wunsch, mehr Zeit draußen zu verbringen, und sei es nur für 30 Minuten am Tag. Seitdem haben wir uns stundenlang in den Wäldern verloren, fasziniert von den Pilzen, die wir in Hausnähe fanden.

Das Pilzsuchen gehört nun für uns dazu, wann immer wir draußen sind, sammeln wir. Wenn man erst einmal damit startet, stellt man schnell fest, dass Pilze überall wachsen – nicht nur im Wald! Falten-Tintlinge mögen frisch aufgebrochenen Boden und sind an den Rändern von Parkplätzen und Wegen in der Stadt zu finden; Riesenboviste lieben einen kurz geschnittenen Sportrasen; Schwefelporlinge gedeihen auf Obstbäumen entlang einer städtischen Straße; und Kohlen-Kugelpilze wachsen das ganze Jahr über an der Basis alter Buchen.

Natürlich geht es in diesem Buch in erster Linie darum, eigene Pilze anzubauen, aber wir möchten euch auch ermutigen, die wunderbare Welt der Wildpilze zu entdecken.

In diesem Abschnitt findet ihr einige Tipps für den Beginn eurer Pilzstreifzüge – der perfekte Zeitvertreib, während ihr darauf wartet, dass euer Projekt ins Rollen kommt.

Neben dem Fliegenpilz gibt es viele leicht erkennbare Formen von Fruchtkörperpilzen, darunter Flechten – die Doppelwesen aus Pilz und Alge – und verschiedene Porlinge. Die mehr als 14 000 Arten von Wildpilzen, die bei uns vorkommen, können grob in drei Gruppen eingeteilt werden.

Mykorrhizapilze

Es heißt, dass fast alle Pflanzen auf unserem Planeten von einer Verbindung zu diesen Pilzen profitieren, da sie eine Symbiose mit ihnen aufbauen. Einige Arten von Mykorrhizapilzen entwickeln einzigartige Beziehungen zu spezifischen Baumarten. Diese Bäume können zu Orientierungspunkten werden, die geübten Sammlern den Weg zu bestimmten Pilzarten weisen.

Anders als Pflanzen stellen Pilze ihre Nahrung nicht selbst her, sondern nehmen sie auf und verdauen sie mithilfe von Enzymen. Durch die starke symbiotische Beziehung zu Pflanzen können Pilze Nährstoffe und Mineralien als Gegenleistung für Glukose eintauschen. Diese besondere Bindung ist es, die den gezielten Anbau einiger begehrter Pilze wie Trüffel und Pfifferlinge fast komplett verhindert.

Saprotrophe

Austernpilze, Shiitake, Cremini- und Portobello-Champignons sind typische Saprotrophe, die sich von Totholz oder abgestorbenem organischen Material ernähren.

Durch das Freisetzen von Verdauungsenzymen zersetzen sie die umgebenden verrottenden Stoffe. Ihre Hyphen (quasi ihre „Wurzeln") nehmen dann viele der benötigten Nährstoffe auf, während der Rest wieder in nährstoffreiche Nahrung für die Vegetation umgewandelt wird.

Parasitäre Pilze

Wenn die Sporen parasitärer Pilze auf einem Wirt landen, setzen sie Enzyme frei, die ihn mit der Zeit vollständig infizieren. Die Pilze werden zu Saprotrophen. Nicht alle parasitären Pilze sind auf Pflanzen beschränkt: Die Gattung *Cordyceps* wächst auf bestimmten Insekten und besitzt die ungewöhnliche Fähigkeit, die Bewegungen des Wirtskörpers zu kontrollieren; diese Schlauchpilze können so den Wirt in die beste Position für die Verbreitung ihrer Sporen bringen.

Reden wir auch mal über ungenießbare und giftige Pilze

Man schätzt, dass es weltweit 2,3–3,8 Millionen Pilzarten gibt. In Deutschland wurden etwa 14 400 bestimmt, von denen einige Hundert essbar sind, und manche der giftigen oder ungenießbaren sehen ihren essbaren Doppelgängern sehr ähnlich. Zur Identifizierung dieser Pilze wird ihrem Namen oft das Wort „falsch" angehängt, wie zum Beispiel beim Falschen Pfifferling (*Hygrophoropsis aurantiaca*).

Andere haben ausgesprochen bildhafte Namen, um sicherzustellen, dass man einen großen Bogen um sie macht, darunter der Gifthäubling oder die Bauchweh-Koralle.

Nutze unbedingt gute Bestimmungsbücher, um dich mit den leichter zu bestimmenden Pilzen vertraut zu machen, die keine Doppelgänger haben. Natürlich gibt es einige Variationen bei den Fruchtkörpern von Pilzen, die es schwierig machen, sie anhand eines einzigen Bildes in einem Bestimmungsbuch zu identifizieren. Die genaueste Form der Bestimmung sind ein Mikroskop und eine genetische Analyse, die aber natürlich nichts für Anfänger sind. Wir empfehlen, dass du einen Termin oder Kurs mit einem Pilzsachverständigen vereinbarst oder eine Pilzberatungsstelle (gibt es in vielen Städten und Landkreisen) aufsuchst und dein Sammelgut prüfen lässt.

Wichtig: Nichts essen, wenn du Zweifel hast, um welchen Pilz es sich handelt.

Sammelregeln

Beim Sammeln von Pilzen gelten ein paar Regeln, die wir euch ans Herz legen möchten:

- Wenn ihr eine reichhaltige Sammelstelle findet, nehmt nicht mehr als ihr braucht. Lasst immer etwas für die Natur übrig.

- Sammelt eure Pilze in einem Weiden- oder einem anderen geflochtenen Korb. Wenn ihr auf Sammeltour geht, werdet auch ihr Teil des Ökosystems. Die Sporen der von euch gesammelten Pilze fallen durch die Löcher im Korbgeflecht und verbreiten sich während eures Streifzugs weiter im Wald.

- Nicht alle essbaren Pilze sind zum Sammeln bestimmt. Einige sind selten und stehen unter Schutz, so dass sie nicht geerntet werden dürfen. Einer dieser Pilze ist der Igel-Stachelbart: Ihr könnt ihn anschauen, aber bitte nicht anfassen. (Man kann ihn aber einfach selbst kultivieren.)

- Trennt die Fruchtkörper bei der Ernte mit einem Messer ab oder dreht sie nahe der Basis ab.

- Sammelt immer an einem sicheren Ort, der gefahrlos zu erreichen ist und an dem die Pilze zudem weit weg von Gassi gehenden Hunden und befahrenen Straßen wachsen.

- Im Freien geerntete Pilze vor dem Verzehr immer kochen oder braten.

Unter „Ernten" (Seiten 32–33) wird auf die wichtigsten Punkte zur korrekten Bestimmung von Pilzen eingegangen. Dies gilt sowohl für den Anbau zu Hause als auch für das Sammeln in der freien Natur. Denkt an die weisen Worte von Terry Pratchett: „Alle Pilze sind essbar, einige Pilze sind nur einmal essbar".

Probleme beim Anbau

Es gibt einige immer wieder auftretende Probleme, auf die du beim Anbau deiner eigenen Pilze stoßen kannst.

Fliegen

Winzige schwarze Fliegen – Trauermücken – sind häufige Besucher bei Pilzanbauprojekten in Innenräumen (wer Zimmerpflanzen besitzt, weiß, welche wir meinen). Hier handelt es sich wahrscheinlich um Pilzfliegen, die relativ harmlos sind. Allerdings gedeihen sie im Pilzsubstrat, wenn man nicht aufpasst. Dann am besten die Pilzernte beenden und das Substrat auf den Komposthaufen bringen.

Schimmelbefall (Trichoderma)

Trichoderma ist eine weitverbreitete Schimmelpilzgattung, die Schimmel auf Brot ähnelt. Ein Befall kann überall auf dem Substrat während der Inkubations- oder Fruchtphase auftreten; dieser Schimmelpilz mag warme Temperaturen und ist daher im Sommer häufiger anzutreffen. Viele Pilze, vor allem in der ersten Anzuchtphase, überstehen ein oder zwei kleine *Trichoderma*-Flecken und wachsen trotzdem. Wenn allerdings ein größerer Bereich deines Anzuchtsets kontaminiert wurde, werden die Pilze wahrscheinlich nicht gedeihen und du solltest sie am besten auf den Komposthaufen werfen.

Die Pilze wachsen zu früh oder an der falschen Stelle

Pilze warten auf niemanden, und es kann immer sein, dass sie Fruchtkörper bilden, wenn du es am wenigsten erwartest – das ist der Lauf der Natur. Sobald du merkst, dass deine Pilze erscheinen wollen, solltest du sie aus dem Lager nehmen und gießen, damit sie Feuchtigkeit aufnehmen können. Wenn sie an einem unerwarteten Ort wachsen, kannst du ihnen helfen zu gedeihen, indem du ihnen den Raum für ihre Entwicklung gibst. Das kann bedeuten, dass du dein Anzuchtset ein wenig weiter öffnest oder seine Position veränderst.

Sollten die Pilze am falschen Ort übermäßig gewachsen sein – etwa zusammengequetscht im Anzuchtbeutel –, keine Sorge. Entnimm die verformte Ernte und kompostiere sie. Dann nimmst du das Set und wiederholst die Anzuchtanweisung – für eine neue Ausbeute.

Gar keine Pilze wachsen

Es gibt viele Gründe, warum Pilze nicht wachsen. Einer der wichtigsten ist, dass die Umgebung nicht die richtigen Bedingungen für Fruchtkörperbildung bietet. Lies noch einmal die Anleitung deines Anzuchtsets – hast du die besten Bedingungen für dein Projekt geschaffen? Könnte es sein, dass deine Pilzbrut während ihrer Lagerung oder während der Inkubationszeit gestört wurde? Gelegentlich brauchen Pilze einfach mehr Zeit.

Wenn in der erwarteten Zeitspanne keine Fruchtkörper erschienen sind, prüfe, ob Myzel und Substrat hell und gesund aussehen; beide sollten weder zu trocken noch zu feucht sein und frisch und erdig riechen (siehe auch die Kälteschockmethode auf Seite 24).

Ranzige Gerüche

Jedes Stadium deiner Kultur sollte frisch und pilzartig riechen. Euer Geruchssinn ist das beste Instrument, um die Frische von Brut, Myzel, Substrat und Fruchtkörpern zu beurteilen. Ein Hauch von Essig, Käsefüßen, saurem oder gar fischigem Geruch ist ein Zeichen für eine Bakterienansammlung, die das Wachstum beeinträchtigt.

Kontrolliere regelmäßig, ob sich das Substrat geruchlich verändert, und entsorge alles, was nicht mehr frisch riecht, auf deinem Kompost.

Verklumpen der Pilzbrut

Die frische Brut muss bis zur Anzucht kühl gelagert werden. Während dieser Zeit wird das Myzel weiterwachsen, und du kannst beobachten, dass es die Brut zu großen Klumpen verbindet, was dann zu einer ungleichmäßigen Verteilung im Substrat führt. Du kannst diese Klumpen leicht wieder auflösen, indem du sie zwischen den Fingern zerreibst. Es ist dafür nicht erforderlich, die Brut aus ihrem Schutzbeutel zu nehmen; drücke ihn einfach wie einen Kochbeutel mit Reis. Dadurch bleibt die Brut sauber und das Risiko einer Kontamination wird verringert.

Solltest du deine bloßen Hände benutzen, achte darauf, dass sie desinfiziert sind, ebenso wie das gesamte von dir verwendete Equipment. Halte dich bei der Lagerung frischer Pilzbrut immer an die Anweisungen des Lieferanten.

Gelbliche Flüssigkeit

Austretende blasse Flüssigkeit auf der Oberfläche des Myzels ist ein Abfallprodukt des Myzels. Eine kleine Menge davon ist üblicher Teil des Wachstumsprozesses. Eine große Menge dunkler gefärbter Sekrete deutet jedoch darauf hin, dass das Myzel mit einer Kontamination zu kämpfen haben könnte. Wenn du das Anzuchtset öffnest, wird die überschüssige Flüssigkeit abfließen. Ist es völlig kontaminiert, riecht es ranzig.

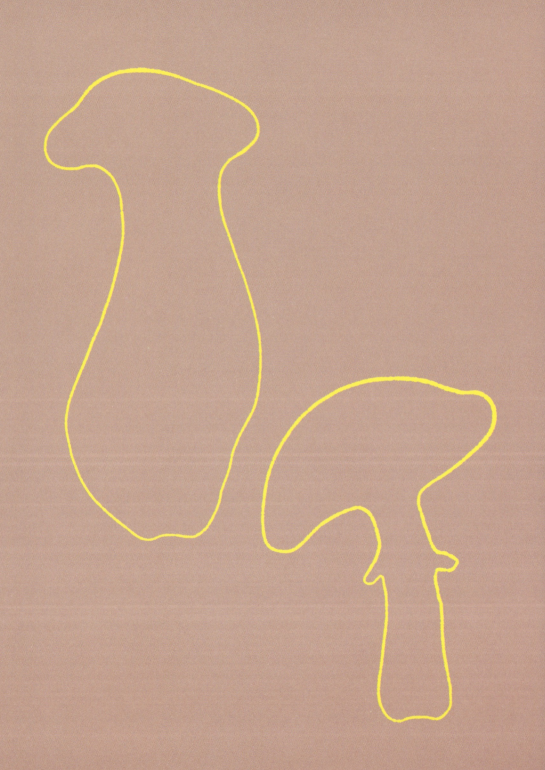

Teil 2
Pilzprojekte

Koffein-Hit

Züchte Pilze auf deinem Kaffeesatz

Austernpilze gedeihen prima auf den Nährstoffen im Kaffeesatz. Sammle deinen eigenen oder bitte einen örtlichen Coffeeshop, dir welchen zu geben (davon hat man dort sicher reichlich!). Espressosatz eignet sich am besten für die Anzucht, da er durch die Kaffeezubereitung bereits pasteurisiert und hydratisiert ist.

WANN Das ganze Jahr über.

WO Du solltest dein Set 21 Tage lang im Dunkeln bei einer konstanten Temperatur von 17–20 °C halten.

Sobald es wachstumsbereit ist, stelle es an einen hellen Ort, an dem du nicht vergisst, es zu gießen, und wo du das Pilzwachstum beobachten kannst – neben dem Spülbecken oder auf eine Fensterbank etwa.

Vorgehen

Step by Step

Wenn du den Kaffeesatz selbst sammelst, friere ihn sofort nach dem Aufbrühen ein. Zerteile vorher die Kaffeesatzklumpen mit einem sauberen Löffel. Das Einfrieren trägt dazu bei, den Kaffee zu konservieren und das Risiko einer Kontamination zu verringern. Wenn du den Kaffee am Tag deines Projektstarts in einem Coffeeshop abholst, muss er an diesem Tag frisch gebrüht worden sein. Kannst du dein Projekt nicht sofort starten, solltest du den Kaffeesatz direkt einfrieren.

Wenn du die gewünschte Menge zusammen hast, nimm den Kaffeesatz aus dem Gefrierfach und lasse ihn 6–8 Stunden auftauen.

Hole die Pilzbrut aus dem Kühlschrank, sobald der Kaffeesatz aufgetaut ist, und lasse sie Raumtemperatur annehmen. Denke daran, Handschuhe zu benutzen und deine Hände, Utensilien und Arbeitsflächen zu desinfizieren, bevor du beginnst. So verringerst du das Risiko einer Kontamination und gibst deinen Pilzen die besten Erfolgschancen.

PILZE

Grauer Austernpilz (*Pleurotus ostreatus*)
Lungen-Seitling (*Pleurotus pulmonarius*)
Perlen-Austernpilz (*Pleurotus ostreatus*, Hybride)
Rosen-Seitling (*Pleurotus djamor*)
Rillstieliger Seitling (*Pleurotus cornucopiae*)

MATERIAL

- Kaffeesatz, Gewicht max. 1 kg (Kaffeesatz aus einer Kaffeemaschine wird nicht empfohlen, da er zu viel Wasser enthält).
- frische Austernpilzbrut auf Getreidesubstrat, 100 g*
- ein Paar saubere Gummihandschuhe
- Alkoholspray oder Desinfektionsmittel
- kleiner Pilzanzuchtbeutel, 10,5 × 35,5 × 6,5 cm, mit Filter
- selbstklebendes Etikett oder Klebeband
- Behälter mit Deckel
- Stift
- saubere Schere
- Zerstäuber/Sprühflasche

* Die besten Ergebnisse erzielst du bei einem Verhältnis von 10–12 % Pilzbrut zu Kaffeesatzsubstrat.

Sobald du fertig bist, zerkleinere etwaige
Klumpen der Brut und mische sie mit dem
Kaffeesatz, bis sie gleichmäßig verteilt sind.
Gib die Kaffeesatz-Brut-Mischung vorsichtig in
den Pflanzbeutel und achte darauf, dass du
nur bis zum Filter auffüllst. Versuche dabei,
die Mischung nicht nach unten zu drücken,
damit die Luft zirkulieren kann.

Lasse für den Luftaustausch einen großen
Abstand von mindestens 6 cm über der
Mischung.

Dann verschließt du den Pflanzbeutel oben,
indem du ihn ein paar Mal umklappst und mit
dem Etikett oder Klebeband befestigst. Achte
auch hier darauf, dass du das Filterfeld nicht
abdeckst, damit das Myzel atmen kann.

Deine Pilze wachsen lassen

Stelle den Pflanzbeutel an einen dunklen Ort
mit einer konstanten Temperatur zwischen
17–20 °C. Ein Küchenschrank ist normaler-
weise ein guter Platz. Während dieser Zeit
wird der Kaffeesatz komplett von der Pilzbrut
besiedelt und färbt sich weiß, da das Myzel
beginnt, die Nährstoffe zu verwerten und alle
Bestandteile miteinander zu verbinden. Der
Beutel wird bald standfest sein.

Nach 21 Tagen nimmst du den Pflanzbeutel
aus der Aufbewahrung. Schneide mit einer
Schere ein 12 cm großes „X" vorn in den Beutel. Dann schlage die Oberseite des Beutels um,
so dass du diesmal das Filterfeld abdeckst und
die Luft an der Oberseite des Beutels entfernst.
Durch das Verkleinern dieses Raums förderst
du das Wachstum an der Vorderseite des
Anzuchtsets.

Besprühe die Öffnung zweimal täglich, bei
wärmerem Wetter (über 22 °C) auch öfter.
Das hält sie feucht und signalisiert den Pilzen,
dass es nun Zeit zum Wachsen ist. Nach
7–14 Tagen täglichen Besprühens solltest du
die Fruchtkörperansätze (Primordien) sehen –

halte sie mit zweimal täglichem Besprühen feucht.

Die Fruchtkörperansätze verdoppeln ihre Größe in den nächsten 12–24 Stunden und wachsen, bis sie in etwa 5–7 Tagen ausgewachsen sind (denke daran, dass sich Pilze bei kühleren Temperaturen langsamer entwickeln).

Deine Pilze ernten

Der beste Zeitpunkt zum Ernten ist, wenn sich die Hüte allmählich abflachen. Halte das Pilzbüschel fest in der Hand, drücke es nah der Basis zusammen und drehe vorsichtig. Die Pilze lösen sich dann leicht vom Substratblock. Du solltest alle Pilze unabhängig von ihrer Größe zur gleichen Zeit ernten.

TIPP Nach eurer ersten Pilzernte verschließt ihr den Pflanzbeutel wieder und lasst das Substrat an einem dunklen Ort ruhen. Nach zehn Tagen taucht ihr den Beutel über Nacht in sauberes, kaltes Wasser, um das Set zu rehydrieren und einen zweiten Schwung zu starten. Haltet es feucht und achtet auf Kontaminationen. Verunreinigte Klumpen können mit einem sauberen Löffel entfernt werden.

Züchte deine eigene Pilzbrut
PIlzbrut ganz leicht zuhause heranziehen

Dies ist eines unserer einfacheren Projekte, das dich zu den Basics zurückführt und dir einen Einblick in den Prozess des Myzelwachstums und die Selbsterneuerung von Pilzen gibt. Sobald das Substrat – in diesem Fall Karton – besiedelt ist, kannst du die selbst gezüchtete Pilzbrut auf ein anderes Anbauprojekt übertragen.

Es besteht ein gewisses Risiko der Kontamination durch die Pilze oder den Karton, aber ein Versuch lohnt sich. Schon nach zehn Tagen sollte sich das Myzel entwickeln, und innerhalb von sechs Wochen kannst du weitere Pilze ernten.

Wir empfehlen für dieses Projekt Graue Austernpilze, da sie schnell wachsen und leicht erhältlich sind.

WANN Du kannst dieses Projekt zu jeder Jahreszeit durchführen. Je wärmer die Umgebungstemperatur, desto schneller wird das Substrat besiedelt sein. Kühle Innentemperaturen verlangsamen das Wachstum des Myzels.

WO Dies ist das perfekte Indoor-Projekt. Lagere das Substrat in einem dunklen Schrank, am besten bei konstanter Temperatur von 16–20 °C.

PILZE

Grauer Austernpilz (*Pleurotus ostreatus*)

MATERIAL

- alkoholische Desinfektionstücher oder -spray
- 2 Stücke farb- und klebebandfreier, glatter Karton, ca. 40 × 40 cm
- 2 Kunststoffbehälter (mit Deckeln), ca. 20 × 10 × 8 cm
- kochendes Wasser – genug, um den Plastikbehälter zur Hälfte zu füllen und den gesamten Karton zu bedecken
- Handbohrmaschine
- 3 mm-Bohrer
- 50 g frische Stiele von Grauen Austernpilzen, grob in 1 cm große Stücke geschnitten und bis zum Gebrauch im Kühlschrank aufbewahrt

Vorgehen

Step by Step

Eine echte Lowtech-Methode – darum musst du das Kontaminationsrisiko verringern, indem du Arbeitsflächen, Behälter und Hände sauber hältst und Alkoholtücher oder -sprays verwendest.

Reiße den Karton in kleine Stücke von je 3 × 3 cm. Lege die Stücke in den ersten Behälter und bedecke sie mit kochendem Wasser. Setze den Deckel auf den Behälter und lasse alles auf Zimmertemperatur abkühlen. Das kann ein paar Stunden dauern.

Sobald alles abgekühlt ist, das Wasser abgießen. Drücke mit sauberen Händen überschüssiges Wasser aus dem Karton – er sollte gut feucht sein, aber nicht durchweicht.

Bereite den zweiten Behälter vor, indem du für den Luftaustausch zwei Löcher im Abstand von 5 cm in jede Seite bohrst. Reinige dann diesen Behälter gründlich mit den Desinfektionstüchern.

Lege die zerkleinerten Pilzstiele und die Pappstücke schichtweise in den Behälter und achte dabei auf eine gute Mischung und gleichmäßige Verteilung. Drücke Stiele und Karton nicht zusammen.

Inkubation

Bewahre den Behälter im Dunkeln bei konstanter Temperatur auf: Wenn sie in dieser Phase zu stark schwankt, besteht die Gefahr einer Kontamination. Der Küchenschrank ist eine gute Option – wähle einen Ort, an dem du nicht vergisst nachzusehen.

Überprüfe den Behälter nach zehn Tagen. Du solltest feststellen, dass sich der Karton weiß färbt – das ist eine gesunde Myzelschicht. Es kann bis zu 21 Tage dauern, bis alles vollständig kolonisiert ist. Kontrolliere den Behälter alle paar Tage.

Sobald eine Schicht aus weißem, flauschigem Myzel alles bedeckt, ist deine eigene Pilzbrut da. Sie kann auf ein neues Substrat übertragen und zum Heranziehen frischer Pilze verwendet werden.

TIPP Projekte, bei denen ihr eure neue Brut verwenden könnt, sind unter anderem: Koffein-Hit (Seite 44); Anbau im Gewächshaus oder Polytunnel (Seite 100); und Ein Pilzbuch gestalten (Seite 64).

Hängedeko aus Myzel
Plastikfreie Bastelideen

Das Myzel ist der vegetative Körper des Pilzes, der das Substrat, auf dem er wächst, zusammenhält. Hier machen wir uns diesen Prozess zunutze, um Hängeornamente zu kreieren, die wir nach dem Trocknen als Deko verwenden.

Das kombiniert das einfache Verfahren zum Herstellen von Verpackungen und Produkten auf Pilzbasis mit dem Verwenden alltäglicher Haushaltsgegenstände. Mit etwas Sorgfalt sind eure Ornamente viele Jahre lang haltbar und können später einfach kompostiert werden.

WANN Das ganze Jahr hindurch; der Herstellungsprozess dauert etwa eine Woche.

WO In der Küche, an einem Tisch oder einer Werkbank.

PILZE

Grauer Austernpilz (*Pleurotus ostreatus*)
Reishi (*Ganoderma lingzhi*)

MATERIAL

(für vier große Ornamente)
- 4 große Ausstechformen, ca. 8 cm hoch
- Alkoholspray
- Schale
- 300 g Hartholzpellets
- 450 ml
- Schnur, 80 cm lang
- Schere
- Gummihandschuhe
- 25 ml dünne Bleiche (keine verdickte)
- 50 g Mehl
- 250 g Pilzbrut aus Grauen Austern- oder Reishi-Pilzen auf Sägemehl oder Getreide
- große Schüssel
- Backpapier
- Backblech
- Pflanzbeutel, groß genug, dass das Backblech hineinpasst
- Klebeband

Vorgehen

Step by Step

Vergewissere dich, dass du saubere Hände und Arbeitsflächen hast. Sterilisiere die Ausstechformen mit Alkoholspray und lasse sie trocknen.

Lege die Hartholzpellets für etwa 30 Minuten in eine Schüssel mit Wasser.

Derweil schneidest du die Schnur in vier gleich lange Stücke. Weiche die Schnurstücke mit Handschuhen zwei Minuten lang in der Bleiche ein. Nimm sie heraus und lege sie beiseite.

Sobald die Pellets das gesamte Wasser aufgesogen haben, mischst du das Mehl und die Pilzbrut unter, so dass eine Myzelmischung entsteht.

Gestalte deine Ornamente

Lege das Backpapier flach auf einen Tisch und die Ausstechformen darauf: So hast du eine saubere Arbeitsfläche. Fädle die vier Schnurstücke durch die vier Ausstechformen, nicht direkt am Rand; auf diese Weise werden sie fixiert, wenn das Myzel wächst und sich in der Form festsetzt. Fülle dann die Ausstechformen vollständig mit der Myzelmischung. Achte dabei darauf, dass du die Füllung nach unten drückst, damit sie sich verdichtet.

Lege die gefüllten Ausstechformen in den Anzuchtbeutel und achte darauf, dass sie nebeneinander auf dem Backblech liegen und nicht übereinander. Verschließe den Beutel, indem du das Ende ein paar Mal umschlägst und mit dem Klebeband sicherst.

Platziere den Beutel mit den Ausstechern auf einer ebenen Fläche an einem dunklen Ort.

Inkubationsphase

Du wirst sehen, wie die Substratmischung nach und nach von weißem Myzel durchzogen wird. Nach sieben Tagen fühlen sich die Ausstechformen fest an und sollten vollständig mit Myzel bedeckt sein. Nimm sie dann aus dem Beutel und drücke sie mit sauberen Händen auf einer sauberen Oberfläche vorsichtig heraus.

Lege deine Myzelformen vorsichtig zurück in den Pflanzbeutel und lasse sie weitere drei Tage im Dunkeln stehen. So stellst du sicher, dass das Myzel weiterhin auf allen Oberflächen der Ornamente wächst. Nimm dann die Ornamente aus dem Beutel und lege sie auf ein sauberes Blatt Backpapier auf einem sauberen Backblech. Den Backofen auf 140 °C vorheizen. Sobald die richtige Temperatur erreicht ist, das Backblech mit den Ornamenten in den Ofen schieben und 45 Minuten lang backen. Aus dem Ofen nehmen und abkühlen lassen. Sobald deine Dekoelemente vollständig abgekühlt sind, können sie aufgehängt oder weiter verziert werden.

TIPP Ihr könnt eure Hängedeko auch bemalen oder mit einem Découpage- oder Blattgoldeffekt veredeln. Bei guter Pflege halten die Ornamente einige Jahre. Wenn ihr sie nicht mehr braucht, können sie kompostiert werden und zersetzen sich innerhalb weniger Wochen.

Pilzpapier

Papiergewebe herstellen – aus selbst gesammelten Pilzen

Einige der holzig-zähen Pilze, die auf verrottenden Bäumen wachsen, können für die Papierherstellung verwendet werden. Porlinge eignen sich hierfür besonders gut, da ihre Fasern dem Holzzellstoff ähneln, aus dem Papier hergestellt wird. Die Zellwände von Pilzen enthalten Chitin, das auch in den Exoskeletten von Garnelen und Insekten vorkommt und der Zellulose in Bäumen und anderen Pflanzen ähnelt.

Bei diesem Projekt zerkleinern wir das zähe Pilzmaterial und verarbeiten es zu einem Brei, bevor wir es zu schönem, handgemachtem „Papier" verarbeiten. Unterschiedliche Pilzarten ergeben verschiedenfarbiges Papier. Du bekommst mit dieser Methode etwa vier Blatt Papier.

WANN Baumpilze findet man das ganze Jahr über in Wäldern.

WO Perfekt für die Küche.

PILZE

Birkenporling (*Fomitopsis betulina*)
Schmetterlings-Tramete (*Trametes versicolor*)

MATERIAL

- 2,6 l Wasser
- 120 g getrocknete oder 500 g frische Pilze – entweder aus dem Wald, im Internet bestellt oder aus einem Naturkostladen
- Schüssel zum Einweichen der Pilze
- Küchenmaschine oder Mixstab
- Drahtgeflecht-Spritzschutzsieb
- Bratform oder tiefes Backblech, groß genug für das Spritzschutzsieb
- saubere Handtücher
- großer, trockener Schwamm
- Nudelholz/schweres Buch (optional)

Vorgehen

Step by Step

Koche das Wasser auf und verwende es, um die trockenen Pilze etwa 30 Minuten in der Schüssel einzuweichen.

Gib die Hälfte der eingeweichten Pilze und das Wasser in eine Küchenmaschine und püriere alles zu einem Brei. Eventuell musst du noch kaltes Wasser hinzufügen – wir wollen eine sämige Konsistenz, ähnlich einer Kartoffelsuppe. Gieße den Pilzbrei in die Bratform und wiederhole den Vorgang für die restlichen Pilze.

Schöpfe dein Pilzpapier

Schiebe das Spritzsieb in den Bräter, so dass es von einem Teil der Pilzmasse bedeckt ist. Hebe das Sieb langsam an und schwenke es vorsichtig, damit sich die Pilzmasse in einer gleichmäßigen Schicht darauf absetzt. Zu diesem Zeitpunkt ist die Masse schon recht dick.

Lege vorsichtig ein Handtuch über das Sieb und drehe alles um. Lege das Handtuch flach auf einen Tisch, das Pilzgemisch und das Sieb darauf. Drücke mit dem Schwamm vorsichtig auf die Oberseite – die Mischung soll sich vom Sieb lösen und am Ende auf dem Handtuch liegen. Das Handtuch und der Schwamm nehmen einen Großteil der Feuchtigkeit auf.

Verwende ein weiteres, trockenes Handtuch, um das Sieb auf den Pilzbrei zu drücken und so die gewünschte Papierstärke zu erzielen. Dünne Stellen kannst du mit mehr Pilzbrei ausbessern. Hebe das Sieb ab von deiner ersten Schicht feuchtem Pilzpapier. Schöpfe mit dem Sieb dann eine weitere Pilzbreischicht aus dem Bräter und wiederhole diesen Vorgang so lange, bis der größte Teil des Pilzbreis verbraucht ist. Du solltest etwa vier Blätter erhalten.

Lasse die „Papierbögen" etwa 36 Stunden lang auf den Handtüchern trocknen. Wenn du magst, kannst du das Papier während der Trocknungsphase mit einem Nudelholz leicht andrücken, um eine gleichmäßigere Textur zu erhalten. Wenn es sich während des Trocknens zu wellen beginnt, kannst du es glätten, indem du ein schweres Gewicht, z. B. ein altes Buch, für ein oder zwei Tage darauflegst.

Es dauert etwa drei Tage, bis die Bögen vollständig getrocknet sind. Nach dem Trocknen kannst du sie in Rechtecke schneiden oder einfach so lassen, wie sie sind – wie es dir am besten gefällt.

TIPP Wenn ihr dieses Projekt mit gekauften Pilzen testen möchtet, könnt ihr etwas eingeweichtes Recyclingpapier in den Brei geben. Das kann ganz am Anfang hinzugefügt und mit den Pilzen vermischt werden – gerade so viel, dass die Pilzmasse die richtige Konsistenz hat.

Pilztinte

Kreatives mit Tintlingen

Pilze der Tintlings-Gattung *Coprinopsis* sind dafür bekannt, dass sie bei Erreichen der Reife oder nach dem Pflücken schnell verderben. Sie zerfließen malerisch, um ihre Sporen zu verbreiten.

Durch diesen Prozess (Deliequeszenz) verwandelt sich der Pilz in eine schwarze Flüssigkeit, und genau die wollen wir zu Tinte verarbeiten. In der Vergangenheit sammelte man Falten-Tintlinge, um Tinte für wichtige Dokumente herzustellen.

Glimmer-Tintlinge wachsen in kleineren Büscheln als Falten-Tintlinge; bei Reife färben sie sich an den Rändern schwarz. Schopf-Tintlinge eignen sich besonders gut für dieses Projekt, da sie in Gruppen wachsen und so leicht zu entdecken sind.

WANN Wenn Tintlinge Saison haben, von Mitte Frühling bis Mitte Herbst. Sie wachsen gerne an den Rändern von Waldwegen, Parkplätzen oder städtischen Grünflächen.

WO In der Küche.

Vorgehen

Tinte gewinnen

Reinige den Plastikbehälter mit Desinfektionsmittel, anschließend trocknen lassen.

Dann lege die Pilze hinein und stelle sie für eine Woche in den Kühlschrank. Bereits nach zwölf Stunden beginnen sie sich zu zersetzen. Du kannst dies beschleunigen, wenn du sie einige Tage außerhalb des Kühlschranks aufbewahrst.

Sobald die Pilze zersetzt sind, püriere sie zu einem flüssigen Brei. Dann durch ein Mulltuch in den Kochtopf abseihen, das verbleibende Pilzfleisch wegwerfen.

Zum Kochen bringen, etwa vier Minuten köcheln lassen. Rühre mit einem Holzlöffel ein paar Tropfen eines ätherischen Öls deiner Wahl ein, um den scharfen Pilzgeruch zu übertönen und die Tinte zu konservieren. Fülle die Tinte in ein sterilisiertes Glasgefäß um und verschließe es fest. Im Kühlschrank aufbewahren.

PILZE*

Glimmer-Tintling (*Coprinellus micaceus*)
Schopf-Tintling (*Coprinus comatus*)
Falten-Tintling (*Coprinopsis atramentaria*)

MATERIAL

- Plastikbehälter mit Deckel
- Desinfektionsmittel/Alkoholspray
- sauberes Tuch
- 6–8 reife, große Tintlinge
- Mixer
- Mulltuch
- Kochtopf
- Holzlöffel
- ein paar Tropfen ätherisches Öl wie Teebaum- oder Eukalyptusöl
- steriles Glasgefäß mit Deckel

* WARNUNG: Falten-Tintlinge sind bei Verzehr giftig, seid also vorsichtig.

TIPP Junge Schopf-Tintlinge sind tolle Speisepilze, wenn sie direkt nach dem Sammeln gegessen werden. Trinke aber keinen Alkohol dazu, das wird nicht vertragen!

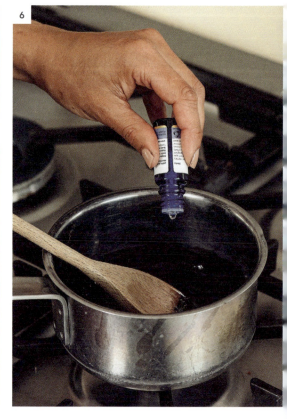

Ein Pilzbuch gestalten

Verschönere dein Zuhause mit dekorativen Austernpilzen

Dieses kreative Indoor-Projekt zeigt, wie ein Myzelnetz ungewöhnliche Substrate wie Bücher durchdringen kann, bevor es in wenigen Wochen eine beeindruckende Pilzernte hervorbringt.

WANN Als Indoor-Projekt das ganze Jahr über.

WO Nach dem Start musst du dein Projekt 21 Tage lang im Dunkeln bei einer konstanten Temperatur von 17–20 °C inokulieren lassen. Stelle dann dein beimpftes Buch an einen hellen, gut einsehbaren Ort, damit du das Gießen nicht vergisst und die Pilze beim Wachsen beobachten kannst, etwa neben die Küchenspüle oder auf eine schattige Fensterbank.

Vorgehen

Step by Step

Wasche und trockne dir die Hände und desinfiziere Arbeitsflächen und Equipment.

Lege das Buch in den hitzebeständigen Behälter und bedecke es mit kochendem Wasser. Achte darauf, dass das Buch ganz untergetaucht ist, drücke es mit einem Holzlöffel oder einer Holzzange unter die Wasseroberfläche. Abkühlen lassen.

Nimm den Beutel mit der Pilzbrut aus dem Kühlschrank und lasse ihn Raumtemperatur annehmen. Drücke den Inhalt des Beutels etwas zusammen, um die Brut aufzubrechen, und halte den Beutel dabei verschlossen.

Sobald das Buch so weit abgekühlt ist, dass du es in die Hand nehmen kannst, leere das überschüssige Wasser aus dem Behälter und lasse das Buch ein paar Minuten lang abtropfen. Öffne es dann vorsichtig und überprüfe, ob das Wasser durch die meisten Seiten gesickert ist.

Nimm den Beutel mit der zerkleinerten Brut und streue sie abschnittsweise auf die Seiten. Sobald die gesamte Brut

PILZE

Grauer Austernpilz (*Pleurotus ostreatus*)
Rosen-Seitling (*Pleurotus djamor*)
Zitronen-Seitling (*Pleurotus citrinopileatus*)

MATERIAL

- hitzebeständiges Gefäß, groß genug, um das Buch ganz einzutauchen
- Buch, ca. 13 × 20 × 2,5 cm, mit weniger als 400 Seiten und in den letzten 10 Jahren gedruckt; dadurch wird sichergestellt, dass dein Buch mit bleifreier Tinte gedruckt wurde, so dass die Pilze essbar sind
- kochendes Wasser
- Holzlöffel oder -zange
- 75 g Graue-Austernpilz-Körnerbrut; bis zum Gebrauch gekühlt aufbewahren. Wenn du Rosen- oder Zitronen-Seitlinge züchtest, erhöhe die Pilzbrutmenge auf 100 g und informiere dich beim Lieferanten über die Lagerungsbedingungen.
- Anzuchtbeutel, 25 × 50 cm, mit Filtereinsatz
- Klebeband, um den Beutel zu verschließen
- Zerstäuber/Sprühflasche

im Buch verteilt ist, schließe es und lege es in den Anzuchtbeutel. Drücke das Buch nach unten, so dass die Brut fest zusammengepresst wird.

Verschließe den Anzuchtbeutel, indem du ihn oben ein paar Mal umklappst und zuklebst. Achte darauf, den Filter nicht abzudecken – Pilzbrut lebt und braucht eine gute Sauerstoffzufuhr, um zu gedeihen.

Stelle den Beutel bis zu 21 Tage lang an einen dunklen Ort bei einer Temperatur von 17–20 °C, bis das Buch vollständig durchwachsen ist. Das erkennst du daran, dass die Seiten mit einer dicken Schicht aus weißem Flaum bedeckt sind, der sie zusammenhält: das Myzel der Pilzbrut.

Fruchtkörperbildung einleiten

Entferne den Einband des Buches. Sobald die Seiten mit einer weißen Myzelschicht bedeckt sind, müssen Licht, Sauerstoff und Feuchtigkeit ins Buch: Nimm es aus dem Beutel, um die Fruchtkörperbildung einzuleiten. Lege es dann auf einen sauberen Teller oder eine andere Fläche und stelle es an einen hellen, luftigen Ort, an dem du es zweimal täglich (bei wärmerem Wetter öfter) mit Wasser besprühst. Ausreichend Licht und Wasser leiten das Wachstum der jungen Fruchtkörper ein. Sobald sich diese kleinen „Stecknadeln" zeigen, werden deine Pilze in den folgenden 5–7 Tagen rasch wachsen.

Wenn die Pilze zu fruchten beginnen, besprühe sie zweimal täglich, damit sie nicht austrocknen.

Deine Pilze ernten

Deine Pilze sollten 5–7 Tage nach dem ersten Erscheinen erntereif sein. Pflücke sie, wenn die Hüte beginnen, sich abzuflachen.

Um die Pilze zu ernten, drehe sie an der Basis jedes Büschels ab. Bewahre sie in einer Papiertüte im Kühlschrank auf, bis du sie verzehren möchtest.

Ein Buch bietet nicht viele Nährstoffe, so dass du bei diesem Projekt wahrscheinlich nur eine einzige Pilzernte erzielen wirst.

TIPP Graue Austernpilze sind extrem widerstandsfähig und eignen sich perfekt für Anfänger. Wenn ihr dieses Projekt gemeistert habt, lohnt es sich, es mal mit Pilzbrut von Rosen- oder Zitronen-Seitlingen zu versuchen. Sie sehen umwerfend aus und schmecken köstlich.

Pilz-Makramee

Verknüpfe Dekoeffekte mit praktischem Nutzen

Was uns an diesem Makramee-plus-Pilz-Projekt gefällt, ist das simple und doch optisch tolle Ergebnis.

Selbst gezüchtete Pilze sind ein wunderbarer Anblick, aber manchmal die Anzuchtsets selbst nicht wirklich hübsch. Hier möchten wir dich ermutigen, das wunderbare Handwerk des Makramee-Knüpfens zu nutzen, um die Kultur rundum zu verschönern. So ein Pflanzenaufhänger ist perfekt, um deine eigenen Pilze zu präsentieren, und verbindet Dekoratives mit praktischen Aspekten.

WANN Kann mit fast jedem Indoor-Pilzanzuchtset ganzjährig durchgeführt werden.

WO Zu Hause, im Gewächshaus oder Arbeitsraum. Der Standort braucht viel natürliches Licht, aber achte darauf, dass dein Makramee nicht direkt besonnt wird.

PILZE
Alle Grow-at-home-Anzuchtsets, die in dein Makramee passen.

MATERIAL
- Grow-at-home-(Indoor-)Anzuchtset
- Makramee-Hänger
- Stift
- Schere

Vorgehen

Step by Step
Befolge die Anweisungen für dein Grow-at-home-(Indoor-)Anzuchtset.

Wenn du an dem Punkt angelangt bist, an dem du die Öffnungen für die Pilze anbringen musst, durch die sie wachsen sollen, warte noch damit und platziere dein Set zunächst im Makramee-Hänger. Wähle dann die besten Stellen für die Öffnungen aus und markiere sie, bevor du das Set aus dem Hänger nimmst und dort mit der Schere aufschneidest. Setze das Set wieder in den Hänger und platziere ihn am gewünschten Ort.

Befolge die Pflegeanweisungen für dein Anzuchtset. Wenn die Pilze erntereif sind, musst du sie alle einsammeln, bevor du das Set aus dem Makramee-Hänger nimmst.

TIPP Makramee ist eine einfache, aber vielseitige Handarbeit – ihr könntet euren eigenen Makramee-Hänger entwerfen. Je nach Design lasst ihr dann die Pilze entweder oben oder seitlich fruchten.

Eine Vase voller Pilze

Wie du dein eigenes Pilzbouquet gestaltest

Mit diesem Projekt möchten wir dir zeigen, wie du dich an der Schönheit von Pilzen erfreuen kannst, die in einer Vase zwischen deinen Zimmerpflanzen wachsen. Wenn du die Farbvielfalt der Fruchtkörper geschickt nutzt, kannst du so deiner Pflanzendeko eine ganz neue Dimension verleihen.

WANN Mit diesem großartigen Indoor-Ganzjahresprojekt genießt du das ganze Jahr die ausgefallene Pilzdeko.

WO Ein auffälliger Standort, der in einem Raum liegt, den du häufig nutzt. Da Austernpilze schnell wachsen, solltest du sie dort aufstellen, wo du ihre Entwicklung gut beobachten kannst.

Vorgehen

Step by Step

Reinige die Vase gründlich und trockne sie ab. Desinfiziere dann das Innere mit Alkoholspray und lasse es wieder trocknen. Besprühe auch die Innenseite der Schale, die du zum Wiegen und Wässern der Pellets verwendest, und lasse sie ebenfalls trocknen.

Nimm die Pilzbrut aus dem Kühlschrank und lasse sie Raumtemperatur annehmen.

Wiege die Holz- oder Strohpellets ab, gib sie in die Schale und füge das kalte Wasser hinzu.

Die Pellets nehmen bis zum 1½-fachen ihres Gewichts an Flüssigkeit auf und verdoppeln ihre Größe. Lasse die Mischung etwa 20 Minuten stehen, bis das gesamte Wasser aufgesaugt ist. Zerkleinere dann die Pellets mit einer sauberen Gabel und mische die Pilzbrut unter. Gib diese Mischung in die Vase und drücke sie vorsichtig fest. Achte darauf, nicht zu verdichten, da dies die Luftzirkulation verhindert und das gesunde Wachstum der Pilze beeinträchtigt.

Sobald der Behälter bis oben hin gefüllt ist, stelle ihn in den Karton und verschließe diesen.

PILZE

Austernpilz 'Schwarze Perle' (*Pleurotus ostreatus* × *P. eryngii*)
Grauer Austernpilz (*Pleurotus ostreatus*)
Rosen-Seitling (*Pleurotus djamor*)
Zitronen-Seitling (*Pleurotus citrinopileatus*)

MATERIAL

- 1-l-Vase mit schmaler Öffnung
- Alkoholspray
- Schüssel, die groß genug ist, um die bewässerten Pellets aufzunehmen
- 100 g Pilzbrut, bis zur Verwendung kühl aufbewahren und die Lagerungsanweisung bei deinem Lieferanten checken
- 250 g Hartholz- oder Strohpellets
- 365 ml kaltes Wasser
- Gabel
- Pappkarton, groß genug für die Vase
- Zerstäuber/Sprühflasche

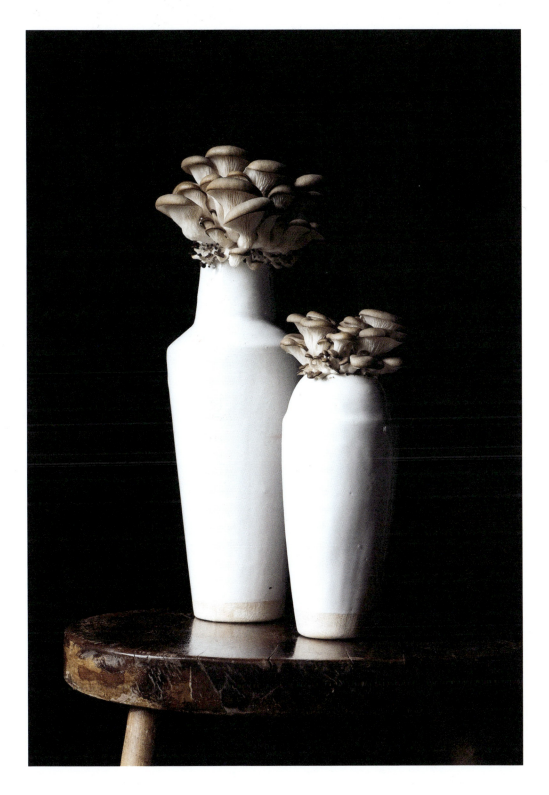

Lagere den Karton bei einer konstanten Temperatur von 17–20 °C.

Überprüfe die Vase jede Woche, um sicherzustellen, dass das Myzel wächst – du wirst sehen, wie es das Substrat besiedelt.

Inkubationszeit

Nach 21 Tagen sollte das Substrat vollständig besiedelt, d. h. vollständig mit weißem Myzel bedeckt sein. Stelle die Vase ins Licht und besprühe die Öffnung mit frischem Wasser. Es kann sein, dass etwas Myzel über die Außenseite der Vase herumwächst. Du kannst es einfach mit sauberen Händen abwischen, aber achte darauf, das Myzel um die Öffnung herum nicht zu zerstören.

Gieße stehendes Wasser, das sich oben angesammelt hat, ab.

Besprühe die Vase mindestens zweimal täglich, an heißen, sonnigen Tagen auch häufiger. Nach 10–12 Tagen sollte man sehen, wie sich die Fruchtkörper entwickeln. Sobald sie ausgewachsen sind, kannst du den gesamten Strauß ernten und essen.

Hole noch mehr aus deiner Vase heraus

Nach der ersten Pilzernte kannst du die Vase an Ort und Stelle lassen und weiterhin zweimal am Tag besprühen. Nach ein paar Wochen wirst du vielleicht einen zweiten Wachstumsschub sehen.

Wenn das weiße Myzel gesund bleibt, wirst du weiterhin einige Erntewellen aus der Vase bekommen. Eine Welle wird jedes Mal weniger Fruchtkörper hervorbringen, aber du kannst die Vase so lange stehen lassen, bis keine mehr nachkommen.

Wenn das Substrat trocken wird oder sich braun oder grün verfärbt, ist das Myzel wahrscheinlich am Ende seiner Lebensdauer angelangt oder kontaminiert. Es ist unwahrscheinlich, dass es dir noch eine weitere Pilzsaison bescheren wird, daher ist dies ein guter Zeitpunkt, um deine Pilzvase zu erneuern.

Reinigen der Vase

Einweichen in Wasser ist die beste Methode, um das Substrat im Inneren zu entfernen. Es kann in die Gartenerde oder auf den Kompost gegeben werden, oder du entsorgst es einfach wie normale Lebensmittelabfälle.

TIPP Überlegt euch, ob ihr nicht mehrere Vasen mit verschiedenen Austernpilzen aufstellen wollt, aber mischt die Pilze nicht: nur eine Art pro Vase.

Pilzanbau auf Jeans

Upcycling mit Pfiff

Austernpilze, die großen Recycler, gedeihen unter den richtigen Bedingungen auf vielen verschiedenen Substraten. In diesem Projekt zeigen wir dir, wie du sie auf einer alten Jeans zum Wachsen bringst. Dies ist jedoch nur ein Beispiel: Du kannst mit beliebigen Stoffen experimentieren – wie alten Pullovern oder Handtüchern. Stelle nur sicher, dass das Material aus Naturfasern besteht und pasteurisiert ist, wie hier gezeigt.

WANN Das ganze Jahr über.

WO Lasse dein Set 21 Tage lang im Dunkeln bei einer konstanten Temperatur von 17–20 °C inokulieren.

Platziere die beimpfte Jeans an einem hellen Ort in deinem Blickfeld, so dass du sie nicht zu gießen vergisst und das Pilzwachstum beobachten kannst. Etwa neben der Küchenspüle oder auf einer Fensterbank.

Methode

Step by Step

Säubere und trockne deine Hände, die Arbeitsflächen und das Equipment.

Lege die saubere Jeans in die hitzebeständige Schüssel und bedecke sie mit kochendem Wasser. Der gesamte Stoff sollte vollständig untergetaucht sein. Verwende Holzlöffel oder -zange, um die Jeans unter die Wasseroberfläche zu drücken. Lasse sie abkühlen.

Nimm in der Zwischenzeit den Beutel mit der Pilzbrut aus dem Kühlschrank und lasse ihn Raumtemperatur annehmen. Halte den Beutel verschlossen und drücke den Inhalt zusammen, um die Brut aufzubrechen.

Sobald Wasser und Jeans so weit abgekühlt sind, dass die Hose bearbeitbar ist, leerst du das überschüssige Wasser aus der Schüssel und lässt sie einige Minuten lang abtropfen.

PILZE

Grauer Austernpilz (*Pleurotus ostreatus*)
Rosen-Seitling (*Pleurotus djamor*)
Zitronen-Seitling (*Pleurotus citrinopileatus*)

MATERIAL

- ein Paar saubere alte Jeans*
- hitzebeständiger Behälter, groß genug, um die Jeans einzutauchen
- kochendes Wasser
- Holzlöffel oder -zange
- 200 g Austernpilz-Körnerbrut, bis zum Gebrauch gekühlt
- 2 Paar mittelgroße Gummibänder oder 2 Schnüre mit einer Länge von je 30 cm
- Anzuchtbeutel mit Filtereinsatz
- Klebeband
- Zerstäuber/Sprühflasche
- Schere (optional)
- Teller (optional)

* Vergewissere dich, dass keine Farben, Farbstoffe oder kürzliche chemische Behandlungen auf dem Stoff verwendet wurden, da die Gefahr der Bioakkumulation (Anreicherung dieser Substanzen im Pilz) besteht. Die Jeans sollte aus reiner Baumwolle ohne Polyester oder Elasthan bestehen.

Rolle die Jeans mit sauberen Händen auf und drücke sie gut aus.

Lege sie flach auf eine saubere Unterlage. Verteile die Hälfte der Brut auf einer Hälfte der Jeans gleichmäßig über das Bein bis zum Bund.
Falte die Jeans der Länge nach zur Hälfte und wiederhole den Vorgang mit der verbleibenden Brut auf dem zweiten Bein.

Wenn die Brut gleichmäßig verteilt ist, rolle die Jeans von unten an den Hosenbeinen bis zum Bund auf. Binde die Schnüre locker um diese Rolle oder verwende Gummibänder, um sie zusammenzuhalten. Lege die Jeansrolle dann in den Anzuchtbeutel, der locker um die Jeans herumpassen sollte – Pilzbrut lebt und braucht zum Gedeihen eine gute Sauerstoffzufuhr. Verschließe den Beutel durch mehrfaches Umklappen und fixiere alles mit dem Klebeband, ohne den Filter abzudecken.

Stelle den Anzuchtbeutel dann an einen dunklen Ort. Die ideale Temperatur für diese Projektphase beträgt 17–20 °C.

Die Fruchtkörperbildung einleiten

Nach 21 Tagen sollte das Material vollständig besiedelt sein; deine Jeans ist dann mit einer Schicht aus weißem Myzel bedeckt. Lege sie – noch im Beutel – für etwa 24 Stunden in den Kühlschrank. Durch diesen Kälteschock wird das Fruchten eingeleitet.

Danach musst du deiner Jeansrolle Licht, Sauerstoff und Feuchtigkeit zuführen. Nimm sie aus dem Kühlschrank und aus dem Beutel heraus. Alternativ kannst du den Beutel mit einer sauberen Schere von der Jeans abtrennen.

Lege die Jeansrolle auf einen Teller oder eine andere saubere Unterlage und stelle sie an einen hellen, luftigen Ort. Besprühe sie zweimal täglich mit Wasser, bei warmem Wetter auch häufiger. Sobald sich die kleinen „Pinpoints" (Primordien) zeigen, werden deine Pilze rasch weiterwachsen.

Besprühe sie weiterhin zweimal täglich, damit sie nicht austrocknen.

Deine Pilze ernten

Deine Pilze sollten 5–7 Tage nach dem ersten Auftauchen erntereif sein. Ernte sie, wenn die Hüte beginnen, sich abzuflachen. Zum Herausnehmen die Pilze an der Basis eines Büschels greifen und abdrehen.

Eine Jeans ist nicht sehr nahrhaft, so dass du bei diesem Projekt nur eine Pilzernte erhalten wirst.

> **TIPP** Nachdem ihr das Projekt beendet habt, solltet ihr die Jeans im Garten vergraben – entrollt sie und bedeckt sie mit einer dünnen Schicht Humus oder Mulch. So kann das Myzel mehr Nährstoffe aufnehmen und vielleicht das Wachsen weiterer Pilze in eurem Garten fördern.
> Alternativ kann eure Jeansrolle auch direkt in die Komposttonne wandern.

Anzuchttöpfchen wachsen lassen

Selbstgemachte plastikfreie Pflanztöpfchen

Raus mit dem Plastik und rein mit dem Myzel, dem vegetativen Teil des Pilzes. Bei diesem Projekt verbindet es sich mit einer Substratmischung und wird zu hübschen Töpfchen geformt, in denen sich später frisch ausgesäte Samen entwickeln können. Wenn die Sämlinge pflanzfertig sind, werden die Töpfe kompostiert – als Nahrung für Würmer und den Boden.

WANN Zu jeder Zeit des Jahres. Die Fertigstellung dauert zehn Tage.

WO Dies ist ein Küchenprojekt, aber du musst deine Töpfchen bis zu einer Woche lang im Dunkeln aufbewahren.

PILZE
Graue Austernpilze (*Pleurotus* spp.)
Reishi (*Ganoderma lingzhi*)

MATERIAL
(für sechs Samentöpfchen)
- Alkoholspray
- Muffinform
- große Schüssel
- 300 g Hartholzpellets
- 500 ml kaltes Wasser
- 75 g Mehl
- 250 g Pilzbrut, bis zum Gebrauch gekühlt
- Backpapier, Frischhaltefolie oder Bienenwachspapier, um die Muffinform damit abzudecken
- Pappkarton, groß genug für die Muffinform
- Backblech

Vorgehen

Step by Step

Sorge für saubere Hände und Arbeitsflächen. Desinfiziere die Muffinform mit dem Alkoholspray und lasse sie trocknen.

Wässere die Holzpellets in einer Schüssel mit dem kalten Wasser; das dauert etwa 30 Minuten. Sobald die Pellets das gesamte Wasser aufgesaugt haben, mische Mehl und Pilzbrut unter.

Lege dann die Vertiefungen der Muffinform mit Backpapier, Frischhaltefolie oder Bienenwachspapier aus. Gib die Mischung in jede Vertiefung, drücke sie an den Boden und die Seiten und stelle sicher, dass die Wände mit einer gleichmäßigen, etwa 1 cm dicken Schicht ausgekleidet sind. Die Wände sollten schön hoch werden, da sich die Töpfe beim Trocknen um ca. 10 % verkleinern.

Lege dann eine Lage Backpapier, Frischhaltefolie oder Bienenwachspapier über die so geformten Aussaattöpfchen.

Stelle die Muffinform in den Karton und verschließe ihn. Lagere ihn an einem dunklen Ort, während das wachsende Myzel die Zutaten miteinander verbindet.

Inkubationszeit

Nach fünf Tagen sollte die Substratmischung mit weißem Myzel bedeckt sein. Hebe mit sauberen Händen vorsichtig die oberste Schicht des Backpapiers, der Frischhaltefolie oder des Bienenwachspapiers ab und nimm die Töpfchen aus der Muffinform. Sie sollten sich fest anfühlen, können aber in diesem Stadium noch etwas zerbrechlich sein.

Ziehe das Backpapier, die Frischhaltefolie oder das Bienenwachspapier vom Boden der Töpfe ab.

Stelle die Töpfe auf ein sauberes Backblech, lege sie dann zurück in den Karton und platziere sie für weitere drei Tage an einem dunklen Ort. So kann das Myzel das Substrat vollständig besiedeln.

Sobald dies geschehen ist, nimmst du das Backblech mit den Töpfen aus dem Karton. Heize den Backofen auf 140 °C vor, dann schiebe das Backblech mit den Töpfen in den Ofen und backe sie 45 Minuten lang. Herausnehmen und vollständig abkühlen lassen. Anschließend können die Aussaattöpfchen befüllt werden.

TIPP Variiert dieses Verfahren, um Verpackungen auf Pilzbasis herzustellen, die das nicht gerade umweltfreundliche Polystyrol ersetzen.
Eine einfache Variante könnt ihr aus jeder festen Form machen, etwa einer Brotform. Das sich bildende Myzel ist wasserfest, und das Trocknen im Ofen verhindert das Wachstum von Fruchtkörpern.

Sporen-Drucke

Fantastische Drucke mit Pilzsporen zaubern

Ein Sporenabdruck hilft, einen Pilz zu bestimmen – er ist so etwas wie sein Fingerabdruck. Hier zeigen wir dir, wie du mit verschiedenen Papieren, Pilzen und farbigen Sporen deine eigenen einzigartigen, zarten Sporenabdrücke erstellen kannst.

Pilzsporen werden aus den Lamellen (oder den Poren) an der Unterseite des reifen Fruchtkörpers freigesetzt. Es gibt Tausende Pilzsporen, die stets um uns herumschweben. Da sie mikroskopisch klein sind, bleiben sie meist unbemerkt – sie reisen auf der Suche nach einem passenden Lande-Ort mit dem Wind und auf Tieren.

Die Farbe der Lamellen eines Pilzes gibt Aufschluss darüber, wie seine Sporen gefärbt sein werden. Die aus den hellen Lamellen des Grauen Austernseitlings erscheinen weiß, die aus den mittelbraunen des Portobello-Champignons braun. Rosen-Seitlinge erzeugen einen zartrosa Sporenabdruck.

Wähle eine kontrastreiche Farbe für deinen Papiergrund, um auffallende, interessante Drucke zu erstellen – experimentiere einfach.

WANN Dieses Projekt kann zu jeder Jahreszeit mit frischen, selbst gezüchteten, gekauften oder auch gesammelten reifen Pilzen durchgeführt werden.

WO Eine ruhige, zugluftfreie Umgebung, in der deine Pilze ungestört ruhen können.

Vorgehen

Step by Step

Die Pilze sollten Zimmertemperatur haben.

Lege einen oder mehrere Pilze, je nach Entwurf, mit der Lamellenseite nach unten auf Papier oder eine andere Unterlage. Mit einer Schüssel abdecken und stehen lassen.

Nach 2–6 Stunden die Schüssel anheben und die Pilze vorsichtig vom Papier nehmen. Fixiere den Sporenabdruck mit einem Sprühstoß Fixierspray. Fertig!

PILZE
Igel-Stachelbart (aus eigenem Anbau), oder ein beliebiger frischer Lamellenpilz aus dem Pilzverzeichnis (siehe Seiten 160–184)

MATERIAL
- 4–6 frische, reife Lamellenpilze
- Schüssel zum Abdecken
- Fixierspray (Künstlerbedarf) oder Haarspray
- kleine Schüssel mit frischem Wasser (optional)

OPTIONEN FÜR DEN HINTERGRUND
- schwarzer oder weißer Tonkarton
- braunes Papier oder Karton
- Glas wie Objektträger
- dickes Papier in allen möglichen Farben
- Alufolie

TIPP Zu reife oder unreife Pilze produzieren keine Sporen und somit keine Abdrücke. Es ist schwer festzustellen, in welchem Stadium sich gekaufte Pilze befinden. Feuchtet versuchsweise den Hut mit einem nassen Finger an, um unreife Pilze zum Sporenfreisetzen zu bringen.

Baumstamm-Projekt

Pilzanbau auf Holz, das Outdoor-Projekt

Der Anbau von Pilzen auf Baumstämmen ist eine klassische Methode, die das natürliche Wachstumsumfeld imitiert, in dem viele unserer essbaren, saprotrophen Pilze in den Wäldern um uns herum gedeihen.

Die Dichte des Laubholzes und die Frische der Stämme sorgen dafür, dass das Myzel eine Fülle von Nährstoffen nutzen kann und daher über viele Jahre hinweg fruchten wird, so dass du fortlaufend frische eigene Pilze hast.

Damit deine Pilze die besten Überlebenschancen haben, wähle einen gesunden Laub- oder Obstbaumstamm mit intakter Rinde.

Wir empfehlen frisch gefällte Stämme, die nicht älter als 6–8 Wochen sind, um eine mögliche Kontamination mit einer anderen Pilzart zu vermeiden.

Du solltest das Stammstück nur mit einer Pilzbrut-Art beimpfen (Seite 29). Für viele der Pilze, die auf Holz wachsen, gibt es Sommer- und Wintervarianten. Frage den Lieferanten deiner Pilzdübel, welche Variante er besorgen kann.

WANN Die Stämme können das ganze Jahr über beimpft werden.

WO: Platziere den Stamm im Freien, geschützt vor starkem Wind und direkter Sonneneinstrahlung, nicht aber vor Regen. Gieße bei Trockenheit und wärmerem Wetter das Holz genau wie deine Pflanzen, denn wenn der Baumstamm austrocknet, wird das Myzel wahrscheinlich absterben.

PILZE

Igel-Stachelbart (*Hericium erinaceus*)
Grauer Austernpilz (*Pleurotus ostreatus*)
Shiitake (*Lentinula edodes*)
Enoki/Samtfußrübling (*Flammulina velutipes*)

MATERIAL

- Laubholz-Stammstück, min. 50 cm lang und 12–20 cm Durchmesser
- 30 Pilzdübel
- Bohrer mit dem gleichen Durchmesser wie die beimpften Dübel
- alkoholische Desinfektionstücher oder Spray
- Stift oder Klebeband
- Schlagbohrer
- Hammer
- Wärmequelle zum Wachsschmelzen
- 50 g Soja- oder Bienenwachs
- weiches Schwämmchen oder Pinsel, um das geschmolzene Wachs aufzutragen
- selbstklebendes Etikett
- Messer oder Schere (optional)

Vorgehen

Step by Step

Lege das Stammstück auf einen Tisch oder eine Werkbank. Nimm die Pilzdübel aus dem Kühlschrank. Reinige den Bohrer mit Desinfektionsmittel oder kochendem Wasser.

Markiere den Bohrer mit einem Stift oder einem Klebeband in der Länge der Dübel. Dadurch wird sichergestellt, dass du die Löcher gleichmäßig und nicht tiefer als die Dübel bohrst.

Markiere mit dem Stift die erste Reihe mit fünf Punkten, die in gleichmäßigem Abstand in einer geraden Linie über die Länge des Stammes verteilt sind. Für die nächste Reihe versetze die Löcher gegenüber der ersten Reihe – so erhältst du eine Rautenstruktur um den Stamm herum und gewährleistest eine gleichmäßige Besiedlung durch das Myzel.

Für die 30 Dübel musst du sechs Reihen mit je fünf Punkten markieren.

Bohre die Löcher an den markierten Stellen bis zur Stift- oder Klebebandmarkierung. Setze die Dübel in die Löcher und schlage sie mit dem Hammer ein, bis sie bündig mit der Oberfläche des Stammes abschließen.

Erwärme das Wachs, bis es vollständig geschmolzen ist, und lasse es dann bei schwacher Hitze stehen. Benutze Schwammtupfer oder Pinsel, um die Oberseiten der Dübel und die Wunden von abgeschnittenen Ästen mit dem Wachs zu versiegeln. Das soll die Dübel vor Eichhörnchen und Insekten schützen. Versiegele die beiden Schnittflächen des Stammes nicht; sie sollten zur Wasseraufnahme offen bleiben. Markiere deinen Stamm, um ihn leicht zu erkennen, und platziere ihn stehend oder liegend an einem schattigen Ort.

Kontrolliere regelmäßig auf Anzeichen von Fruchtkörperbildung und darauf, dass das Holz nicht austrocknet.

Wenn es eine Woche lang nicht geregnet hat oder der Stamm vor Regen geschützt ist, bewässere ihn wöchentlich.

Nach 9–12 Monaten wirst du die ersten Pilze sehen. Die Pilzarten und -sorten brauchen unterschiedlich lange, um einen Stamm vollständig zu besiedeln. Das hängt zudem von der Größe des Stammstückes ab.

Deine Pilze ernten

Wir empfehlen, die Pilze zu ernten, wenn sie noch jung sind, also mit Sicherheit frisch und lecker. Greife sie in Stammnähe an ihrer Basis und drehe sie ab. Alternativ kannst du die Pilze auch mit Messer oder Schere abschneiden.

TIPP Beim Outdoor-Anbau besteht immer die Gefahr, dass sich Wildsporen mit ansiedeln. Achtet darauf, Hüte, Lamellen und Stiele genau auf möglicherweise giftige, falsche Arten zu überprüfen.

Strohballen

Der einfache und schnelle Klassiker

Eine der schnellsten, einfachsten und zudem sehr pflegeleichten Möglichkeiten, Pilze anzubauen, ist die Kultivierung auf Stroh.

Das Vorbereiten und Befüllen des Strohballens dauert etwa eine Stunde, und bei regelmäßiger Bewässerung solltest du die ersten Fruchtkörper innerhalb von 6–8 Wochen sprießen sehen.

WANN Lege den Strohballen im Frühjahr an, wenn die Frostgefahr minimal ist, oder im Herbst, mindestens sechs Wochen vor dem Frost. So hat er ausreichend Zeit, sich vor der kalten Jahreszeit zu etablieren. Wenn du Rosen-Seitlinge anbauen willst, empfehlen wir, im späten Frühjahr damit zu beginnen, da sie wärmeres Wetter mögen.

WO Ein schattiger Ort ohne direkte Sonne – unter einem Baum, hinter einem Schuppen – ist ideal, aber auch ein Blumenbeet oder ein schattiges Plätzchen im Garten passen. Er sollte leicht zugänglich sein, damit du bei trockenem Wetter gießen kannst.

Vorgehen

Step by Step

Nimm die frische Sägemehlbrut aus dem Kühlschrank und lasse sie etwa eine Stunde lang Raumtemperatur annehmen. Währenddessen kannst du den für deinen Strohballen ausgewählten Bereich, einen schattigen Platz ohne direkte Sonne, vorbereiten. Säubere den Boden und stelle sicher, dass du den Ballen von allen Seiten erreichen kannst.

Schneide zunächst mit Maßband und Schere aus dem Karton zwei runde Stücke mit einem Durchmesser von 80 cm aus, die dem Durchmesser der Hasendrahtmanschette (siehe nächste Seite) entsprechen sollten – sie liegen dann als Boden ganz unten.

Lege die beiden Kartonböden übereinander, als Doppellage. Platziere sie an deinem vorbereiteten Ort und gieße sie gründlich. Achte dabei darauf, dass beide Schichten durchnässt werden.

PILZE

Grauer Austernpilz (*Pleurotus ostreatus*)
Lungen-Seitling (*Pleurotus pulmonarius*)
Perlenausternpilz (*Pleurotus ostreatus*)
Rosen-Seitling (*Pleurotus djamor*)*

* Empfohlen nur für die Inokulation im späten Frühjahr/Sommer

MATERIAL

- 3 kg frische Austernpilz-Sägemehlbrut, gekühlt
- Bandmaß
- Schere
- farb- und klebebandfreier Karton zum Abdecken des Bodens mit 1–2 Lagen
- Gießkanne oder Schlauch
- Hasendraht o. ä., 2 Stücke à ca. 80 × 260 cm
- Drahtschneider
- Schutzhandschuhe
- 15 kg unbehandeltes Stroh (kein Heu)*
- Rechen oder Besen (optional)

* Am besten eignen sich Weizen- oder auch Gerstenstroh aus biologischem Anbau. Das Stroh sollte nicht älter als ein Jahr sein.

Konstruiere dann die Hasendrahtmanschette mithilfe des Drahtschneiders und mit Schutzhandschuhen. Hier wird die Hasendrahtmanschette mit einer Höhe und einem Durchmesser von 80 cm vorgegeben, aber du kannst die Maße an die Fläche anpassen, die dir zur Verfügung steht.

Wenn die Manschette zu hoch und breit ist, besteht die Gefahr, dass sie instabil wird. Wickle den Hasendraht zu einem Zylinder von 80 cm Durchmesser. Fixiere ihn, indem du die losen Drahtenden mit dem Zylinder verdrillst. Wickle dann den zweiten Draht um die erste Drahtlage, so dass eine zweilagige Manschette entsteht, und fixiere die Drahtenden genauso sorgfältig, damit alles hält. Stelle die Manschette auf den Karton und prüfe, ob Größe und Position stimmen, bevor du sie mit Stroh füllst. Beginne mit einer 20 cm dicken Strohschicht, die du so gut wie möglich verdichtest – ein Besen oder ein Rechen sind hier hilfreich. Verteile mit sauberen Händen etwa 500 g Sägemehlbrut gleichmäßig über das Stroh, lockere dabei eventuelle Klumpen auf und achte darauf, dass auch die Ränder des Ballens erreicht werden. Dann füge eine weitere Schicht Stroh und eine Schicht Pilzbrut hinzu. Wiederhole den Vorgang, bis du sechs Schichten Stroh hast, zwischen denen die Sägemehlbrut verteilt ist. Schließe mit einer großzügigen Schicht Stroh ab. Drücke dann die oberste Strohschicht vorsichtig nach unten und besprühe den gesamten Ballen mit Wasser, bis er feucht, aber nicht durchnässt ist. Überwässere den Ballen in dieser Phase nicht, da sonst die Sägemehlbrut seitlich und unten ausgewaschen werden könnte. In den nächsten 3–4 Wochen wird die Brut die Strohschichten kolonisieren. Besprühe deinen Ballen in trockeneren, wärmeren Perioden immer wieder, damit er nicht austrocknet. Wenn Frost droht, solltest du aber mit dem Gießen warten.

Deine Pilze ernten

Nach 6–8 Wochen sollten die Pilze anfangen zu fruchten. Sieh auch rund um deinen Ballen nach, denn sie neigen dazu, dort aufzutauchen, wo du es am wenigsten erwartest. Unter geeigneten Bedingungen wird der Ballen auch in den nächsten Monaten noch Pilze tragen. Rosen- und Lungen-Seitlinge bevorzugen wärmeres Wetter, während andere Arten in den milderen Jahreszeiten fruchten. Ernte deine Pilze zeitig, um zu vermeiden, dass Insekten vor dir da sind, und kontrolliere ihr Wachstum regelmäßig. Wenn du einen erntereifen Pilz entdeckst, greife ihn nahe der Basis fest mit der Hand und drehe vorsichtig. Er löst sich dann leicht vom Stroh.

TIPP Im Laufe von zwölf Monaten beginnt das Stroh sich zu verdichten und zu zersetzen, aber ihr könnt es alle paar Monate mit sauberen Strohschichten und frischer Sägemehlbrut auffüllen.

Anbau im Schuppen
Button-Champignons selbst kultivieren

Der Anbau eigener Champignons ist ein weiteres wunderbar einfaches Projekt. Sie brauchen kein Licht, um zu wachsen, so dass du mit dieser Methode ungenutzten Platz in deinem Schuppen nutzen kannst. Button-Champignons mögen stickstoffreichen Kompost. Du kannst fertigen Kompost auf Mistbasis oder torffreien Kompost vom örtlichen Gartencenter beziehen. Mit diesem Projekt wirst du innerhalb weniger Monate über mehrere Wochen köstlich frische Pilze genießen können.

Button-Champignons haben einen feinen, süßen Geschmack und eine feste Konsistenz und schmecken besonders gut, wenn sie in dünne Scheiben geschnitten und roh gegessen werden.

WANN Warte mit dem Anbau bis zum Frühjahr, da die Pilze wärmeres Wetter mögen. Wenn du das Ganze im Sommer fortsetzen willst, achte darauf, dass der Schuppen schattig steht und die Temperaturen nicht über 23 °C steigen.

WO Eine dunkle Schuppenecke ist ideal. Wenn du im Haus anbaust, eignen sich auch ein dunkler Schrank oder ein Keller. Wichtig ist eine konstante Temperatur von 15–20 °C. Bei kühleren Temperaturen wächst das Myzel nur langsam und es besteht die Gefahr einer Kontamination; bei Wärme über 23 °C könnte die Pilzbrut absterben.

PILZE
Button-Champignon (*Agaricus bisporus* var. *bisporus*)
Brauner Champignon (*Agaricus bisporus* var. *hortensis*)
Cremini-Champignon (*Agaricus bisporus* var. *bisporus*)
Portobello-Pilz, Riesenchampignon (*Agaricus bisporus*)
Weißer Champignon (*Agaricus bisporus* var. *bisporus*)

MATERIAL
- Behälter 35–40 × 25–30 × mind. 15 cm
- ca. 4 kg Mist oder torffreier Kompost
- 1 kg Pilzbrut – *Agaricus bisporus* var. *bisporus* oder *Agaricus bisporus* var. *hortensis*
- Zeitungspapier
- Zerstäuber/Sprühflasche

FÜR DIE DECKSCHICHT
250 g rehydrierte Kokosfasern
250 g Vermiculit

Vorgehen

Step by Step

Vergewissere dich, dass der Behälter sauber und trocken ist. Dann füllst du ihn zu einem Drittel mit Kompost und gibst die Pilzbrut hinein. Stelle sicher, dass der Kompost gut durchmischt und die Brut gleichmäßig verteilt ist.

Befeuchte das Zeitungspapier unter dem Wasserhahn und lege es oben auf das Substrat. Lasse den Behälter drei Wochen lang in einem Schuppen bei einer Temperatur von 15–18 °C inkubieren. Halte das Zeitungspapier feucht und besprühe es, falls es austrocknet.

Wenn du während der dreiwöchigen Inkubationszeit einen Blick unter das Papier wirfst, solltest du die feinen weißen Hyphen sehen, die sich über dem Kompost ausbreiten. Dies ist das Myzel, das dein Substrat besiedelt. Sobald du eine gute Menge weißes Myzel im Kompost sehen kannst, trage wie unten beschrieben die Deckschicht auf die Oberfläche des Substrats auf. Dieser Vorgang wird die Pilze zum Fruchten anregen.

Fruchtkörperbildung

Wenn du so weit bist, entferne das Zeitungspapier. Wässere die Kokosfasern gemäß der Packungsanweisung. Mische Kokosfaser und Vermiculit und verteile eine 3 cm dicke Schicht auf dem Substrat.

Besprühe diese Schicht, damit sie feucht ist, aber nicht tropft, wenn man sie zusammendrückt. Wir nennen diesen Feuchtigkeitsgrad „Feldkapazität". Ist das Substrat zu nass, ertrinkt das Myzel; wenn es zu trocken ist, könnte es absterben.

Stelle den Behälter offen an einen dunklen Ort und sorge dafür, dass der Feuchtigkeitsgehalt in der obersten Schicht während der gesamten Fruchtkörperbildung durch häufiges Besprühen mit einem Zerstäuber aufrechterhalten wird.

Deine Pilze ernten

Sobald du siehst, dass die Pilze zu wachsen beginnen, dauert es noch ein paar Tage, bis sie die Größe eines „Babypilzes" erreichen, d. h. 1–2 cm groß sind. Ernte die Pilze einzeln, indem du sie von der Basis aus pflückst und darauf achtest, dass du das Substrat an dieser Stelle wieder mit der Hüllschicht bedeckst.

Die Pilze werden noch einige Wochen lang sporadisch nachwachsen, halte also die Deckschicht weiterhin feucht.

TIPP Wenn eure Pilze das Wachstum einstellen, recycelt das verbrauchte Substrat. Es ist ein hervorragender Bodenverbesserer; es lohnt sich, es auch in Pflanzkübel oder Gemüsebeete einzubringen. Mehr beim „Mycovermi-Kompostieren" (Seite 128).

Anbau im Gewächshaus oder Polytunnel

Champignons aus deinem Gewächshaus

Wärme und Schutz eines Gewächshauses oder Polytunnels sind eine großartige Möglichkeit, auch bei kaltem Wetter Pilze anzubauen. Die Pilzbeutel passen gut unter eine Werkbank, wo die Fruchtkörper langsam wachsen und dir einige Monate lang frische Pilze liefern.

WANN Dieses Projekt eignet sich gut für den zeitigen Frühling oder den Spätherbst.

WO Der zusätzliche Raum unter der Werkbank eines Gewächshauses oder in Regalen, solange diese noch nicht für Pflanzensämlinge gebraucht werden.

PILZE

Grauer Austernpilz (*Pleurotus ostreatus*)
Lungen-Seitling (*Pleurotus pulmonarius*)
Perlenausternpilz (*Pleurotus ostreatus*)
Rillstieliger Seitling (*Pleurotus cornucopiae*)

MATERIAL

- 3 kg Stroh
- 2 Netzbeutel/Zwiebelsäcke, ca. 30 × 45 cm
- 2 große Eimer
- feste Schutzhandschuhe
- Gesichtsmaske
- 50 g Kalkhydrat (mit wenig Magnesium)
- 0,75–1 kg frische Sägemehlbrut, bis zum Gebrauch gekühlt
- Papiersack aus braunem Papier, ca. 45 × 80 cm (für 25 kg Kartoffeln oder Getreide)
- starkes Klebeband oder Schnur, 1 m lang
- scharfes Messer oder Schere
- Zerstäuber/Sprühflasche

Vorgehen

Step by Step

Um das Stroh zu pasteurisieren, verteile es auf die beiden Netzbeutel. Fülle jeden Eimer zu etwa 60 % mit sauberem Wasser. Ziehe Handschuhe und Mundschutz an, bevor du den Kalk anrührst und mit dem Wasser vermischst: ½ Teelöffel Kalk für jeden Liter Wasser.

Tauche die Beutel mit dem Stroh in die Kalk-Wasser-Mischung, beschwere sie und stelle sicher, dass sie vollständig bedeckt sind. Lasse sie sich vollsaugen.

Nach zwölf Stunden nimmst du sie aus dem Kalkwasser und lässt sie hängend eine Stunde lang abtropfen. Entsorge das Kalkwasser und spüle den Eimer aus.

Leere das gesamte Stroh zurück in einen sauberen, trockenen Eimer. Füge die Pilzbrut hinzu und mische Stroh und Brut mit sauberen Händen. Sobald alles vollständig vermischt ist, leere es in den Papierkartoffelsack. Dabei das Stroh nicht verdichten. Falte den oberen Teil des Sacks nach dem Einfüllen zweimal locker nach unten. Nicht verschließen – die Luftzirkulation ist für das Wachstum des Myzels unerlässlich –, aber er darf auch nicht aufklaffen, da dies zum Austrocknen des Substrats führen könnte. Lagere den gefüllten Papiersack in deinem Gewächshaus oder Polytunnel.

Wachstumsstart

Nach 3–4 Wochen wirst du hoffentlich ein gesundes Wachstum von weißem Myzel sehen, möglicherweise sogar an der Außenseite des Papiersacks.

Jetzt musst du die Luft aus dem Sack entfernen. Klappe dazu den oberen Teil des Sacks so weit nach unten, wie es das Substrat zulässt, und klebe oder binde ihn zu.

Schneide mit einem scharfen Messer oder einer Schere vorsichtig ein 15 cm großes X in eine Seite des Sacks und mache in gleichmäßigen Abständen drei weitere solche Schnitte um den Sack herum. Besprühe diese Öffnungen mit sauberem Wasser und stelle den Sack in ein Gewächshaus oder einen Polytunnel. Wiederhole den Vorgang einmal am Tag; bei wärmerem Wetter lieber noch häufiger.

In den nächsten 2–4 Wochen sollten deine Pilze durch die Öffnungen sprießen.

Besprühe sie so lange mit Wasser, bis sie ausgewachsen sind und ihre Hüte sich abzuflachen beginnen.

Deine Pilze ernten

Halte jeden Pilz an der Basis fest und hebe ihn vom Substrat ab. Achte darauf, dass du alle Pilze einer Öffnung auf einmal erntest. So kann sich das Substrat erholen, und du kannst in den nächsten Monaten eine zweite oder dritte Ernte einfahren. Besprühe die Öffnungen immer wieder und achte auch ringsum auf neue Anzeichen von Wachstum.

TIPP Sobald der Papiersack keine Fruchtkörper mehr trägt, kannst du ihn und die Substratmischung direkt in den Kompost geben. Alternativ kannst du den Inhalt auch auf deinem Gemüsebeet, um deine Erdbeeren oder um deine Blumenbeete herum verteilen – so kann sich das Myzel wieder erholen, und vielleicht tauchen sogar Pilze in deinem Garten auf.

Pilzbeet für Riesen

Lasse Giganten in deinem Garten wachsen

Warum nicht die schattigen Bereiche in deinem Garten nutzen, während du zugleich die Artenvielfalt und den Boden verbesserst? Dieses einfache, pflegeleichte Projekt eignet sich perfekt für den Anbau des Riesen-Träuschlings – ein fantastischer Anfängerpilz – im Pilzbeet.

WANN Lege dein Pilzbeet an, sobald die Frostgefahr im späten Frühjahr minimal wird und bevor der Frost im Herbst wieder einsetzt. So hat das Myzel genug Zeit, sich zu entwickeln. Riesen-Träuschlinge bilden gern im Herbst Fruchtkörper, wenn die Abende kühler sind und es häufiger regnet. Das heißt aber nicht, dass sie nicht auch schon früher im Jahr auftauchen können, wenn das Wetter passt.

WO Suche einen schattigen Platz in deinem Garten, der Platz für ein rechteckiges Beet von 1 × 2 m bietet. Es muss gut durchlässigen Boden haben – vermeide Bereiche, in denen sich bei anhaltenden Regenfällen das Wasser sammelt. Allerdings sollte das Pilzbeet auch in Reichweite einer Wasserversorgung liegen, damit der Boden im Sommer nicht austrocknet.

PILZE

Riesen-Träuschling (*Stropharia rugosoannulata*)

MATERIAL

- farb- und klebebandfreier Karton, zum Abdecken von 4 m² Erde
- Gießkanne mit Tülle oder Schlauch mit Sprühaufsatz
- 3 kg Sägemehlbrut des Riesen-Träuschlings, bis zum Gebrauch gekühlt aufbewahrt
- 12 kg unbehandeltes, gehäckseltes Stroh
- 200 Liter frische, unbehandelte Holzhäcksel (nicht älter als drei Monate)

Vorgehen

Step by Step

Markiere die Beetgröße und säubere den Boden. Lege die Pappe in doppelter Lage aus und gieße sie, bis sie durchweicht ist.

Verteile die Hälfte deines Strohs in einer gleichmäßigen Schicht auf der Pappe und gib dann die Hälfte der Pilzbrut darauf. Bedecke dies mit dem restlichen Stroh und brösele den Rest der Brut darauf. Darüber kommt eine gleichmäßige Schicht Holzhäcksel. So kannst du in wenigen Monaten eine reiche Ernte dieser köstlichen Gartenriesen einfahren; die Häcksel sind wichtig, um das Myzel dieser besonderen Pilzart zu nähren, und sie verhindern auch, dass das Beet austrocknet.

Gieße dein Beet vorsichtig nach und nach, bis es gut durchnässt ist. Achte aber darauf, nicht zu viel zu gießen, da dies die Pilzbrut auswaschen würde.

Das Wachstum starten

Kontrolliere dein Beet wöchentlich, um Feuchtigkeit und Myzelwachstum zu überwachen. Achte beim Gießen darauf, das Substrat nicht zu übersättigen, da sonst ein anaerobes Milieu entsteht, das ideal für Bakterien wäre. Die hinzugefügte Häckselschicht trägt dazu bei, dass das Substrat ein gutes Maß an Feuchtigkeit behält, und nährt das Myzel.

Fülle die oberste Schicht aus Holzhäckseln jedes Frühjahr auf, auch um sicherzustellen, dass das Myzel ausreichend nährstoffversorgt ist. Wenn die Fruchtkörperbildung nachlässt, streue im nächsten Frühjahr 500 g frische Sägemehlbrut und bringe eine neue Schicht Häcksel aus.

Deine Pilze ernten

Schneide die Fruchtkörper mit den charakteristischen rötlichen Hüten an der Basis mit einem Messer ab, oder drehe sie mit den Händen ab. Ernte die Pilze jung und bevor sich die Kappen zu weit öffnen; danach zerfallen sie rasch.

TIPP Es wird wahrscheinlich 6–9 Monate dauern, bis ihr viel gesundes Myzel durchs ganze Beet wachsen seht – ziemlich bald danach werden auch die Fruchtkörper erscheinen.

Begleitpflanzung

Pilze anbauen mitten zwischen Gemüse und Zierpflanzen

Bei Begleitpflanzungen geht es darum, für alle Seiten vorteilhafte Kombinationen im Garten zu schaffen. Hier zeigen wir dir, wie du Pilze zwischen essbaren Pflanzen und Zierpflanzen anbauen kannst. Sie werden dazu beitragen, die Pflanzen und den Boden zu nähren – und dich selbst.

Pilze haben eine faszinierende Beziehung zu Pflanzen – man spricht von einer Symbiose, was bedeutet, dass sie für beide Seiten Vorteile bietet. Indem du gesundes Myzel in deinen Garten bringst, kannst du die Artenvielfalt im Boden erhöhen. Das Myzel hilft beim Abbau organischer Stoffe und gibt Nährstoffe an den Boden ab. Außerdem trägt es dazu bei, dass dieser seinen Feuchtigkeitsgehalt behält, und vermindert die Erosion durch starke Regenfälle. Das Myzel zieht zahlreiche Würmer an, die sich durch den Boden bohren und ihn durchlüften, während ihr Kot als Dünger dient. Ein vielfältiger Boden führt zu einer größeren Obst- und Gemüseernte und zu mehr Blütenpracht, außerdem ist dein Garten besser gegen Trockenheit und Überschwemmungen geschützt.

WANN Wir empfehlen, das Pilzsubstrat im Frühjahr auszubringen, wenn die Frostgefahr gering ist und bevor die Beet- oder Gemüsepflanzen austreiben.

WO Die Idee der Begleitpflanzung besteht darin, die Substratschichten in und um das Gartengrün und/oder die Gemüsepflanzen zu verteilen. Der Bereich sollte vor direkter Sonneneinstrahlung geschützt und zum Gießen und Ernten gut zugänglich sein.

PILZE

Grauer Austernpilz (*Pleurotus ostreatus*)

Lungen-Seitling (*Pleurotus pulmonarius*)

Riesen-Träuschling (*Stropharia rugosoannulata*)

Perlenausternpilz (*Pleurotus ostreatus*)

Rillstieliger Seitling (*Pleurotus cornucopiae*)

MATERIAL

- 3 kg frische Sägemehlbrut des von dir gewählten Pilzes, die bis zum Gebrauch gekühlt wird
- 9 kg unbehandeltes Stroh (kein Heu) – genug, um eine Fläche von 2 m² in dicker Schicht zu bedecken
- Holzhäcksel oder eine andere Art von organischem Mulch für eine Fläche von 2 m² bis zu einer Tiefe von 3 cm
- Schlauch mit feinem Sprinkleraufsatz

Vorgehen

Step by Step

Nimm frische Sägemehlbrut aus dem Kühlschrank und lasse sie etwa eine Stunde lang Raumtemperatur annehmen, während du die Fläche (hier 1 × 2 m) für die Substratschichten vorbereitest, indem du den Boden säuberst. Bedecke dann diesen Bereich mit Stroh. Verteile mit sauberen Händen die Hälfte der Pilzbrut gleichmäßig darauf, lockere dabei eventuelle Klumpen auf und beachte, dass die Brut auch die Ränder der Fläche erreicht. Lege eine weitere Schicht Stroh auf, streue den Rest der Brut darüber und schließe mit einer großzügigen Schicht Stroh ab.

Deine gleichmäßige Schicht aus Stroh und Sägemehlbrut kannst du dann auf der ganzen Fläche mit Holzhäckseln oder anderem organischen Mulch bedecken. Achte darauf, dass die Schicht gleichmäßig ist und das Stroh vollständig bedeckt. Bewässere die Fläche leicht mit der feinen Sprinklereinstellung des Gartenschlauchs. Du brauchst die Holzhäcksel nur anzufeuchten, da das Wasser durch das Stroh hindurch nach unten fließt. Überschwemme die Fläche nicht, da dies die Sägemehlbrut wegspülen könnte.

Pflege

In den folgenden 3–4 Wochen wird die Pilzbrut die Strohschichten besiedeln. Besprühe das Substrat in trockenen Zeiten immer wieder, damit es nicht austrocknet. Beachte auch, dass du bei Frostgefahr nicht gießen solltest, da das Substrat sonst gefriert.

Deine Pilze ernten

Nach weiteren 8–12 Wochen beginnen Austernpilze zu fruchten – halte überall Ausschau nach ihnen, besonders an schattigen Stellen. Ernte die Pilze, wenn sich die Hüte abzuflachen beginnen, und pflücke das ganze Büschel auf einmal. Wenn du die Pilze lieber essen willst, solange sie noch jung sind und bevor sie Insekten anziehen, sind sie ebenfalls köstlich. Knipse sie einfach an der Basis ab und ziehe sie von Stroh und Mulch weg.

Riesen-Träuschlinge brauchen länger, um sich zu etablieren, und sollten im Herbst Fruchtkörper bilden, wenn sie im Frühjahr ausgebracht wurden. Ernte auch sie, wenn die Hüte beginnen, sich abzuflachen.

Unter günstigen Bedingungen werden deine Pilze in den nächsten Monaten bis zum Temperatursturz weiterfruchten.

TIPP In den folgenden 12–18 Monaten beginnt das Stroh sich zu verdichten und zu zersetzen. Im nächsten Frühjahr könnt ihr eine neue Schicht Pilzbrut und Mulch aufbringen.

Kulturen in Töpfen

Gärtnern ohne Garten mit Pilzen

Hier kannst du mehr aus deinem gebrauchten Pilzset herausholen – für deine Topfpflanzen, Balkonkästen oder Terrassenpflanzen. Statt das verbrauchte Pilzsubstrat zu kompostieren oder mit den üblichen Lebensmittelabfällen zu entsorgen, kannst du es bei diesem Projekt wiederverwenden und das Myzel zu neuer Fruchtkörperbildung anregen. Obwohl die Nährstoffe in einem schon verwendeten Pilzset aufgebraucht sind, ist es immer noch voll lebenden Myzels, so dass es eine Schande wäre, es zu verschwenden.

Falls du Zugang zu gebrauchtem Substrat hast, das du direkt von einer Pilzanbaufirma beziehst, kannst du größere Mengen davon wiederverwenden: Zerkleinere es und streue es direkt auf deine Pflanzentöpfe.

Je dicker die Substratschicht, desto größer ist die Chance, dass sie überlebt und nicht austrocknet. Achte darauf, das Substrat feucht zu halten, vor allem in trockenen Perioden. Wenn du deine Pflanzen richtig pflegst und gießt, werden die Pilze problemlos neben ihnen gedeihen.

Wenn du Fruchtkörper entdeckst, solltest du sie vor dem Ernten sicher bestimmen, indem du ihre Hüte, Lamellen, Stiele und Sporen überprüfst. Achte darauf, dass es wirklich die Pilzart ist, die du anbauen willst.

WANN Zu jeder Jahreszeit möglich. Wenn du dich für den Sommer entscheidest, solltest du darauf achten, dass du deine Töpfe oft genug gießen kannst.

WO Kein Garten? Kein Problem. Du kannst das benutzte Substrat in einen Behälter mit Blumenerde geben. Die Töpfe stellst du bequem in der Nähe des Hauses auf, so dass du das Auftauchen der Pilze nicht verpasst.

PILZE
Austernpilze (*Pleurotus* spp.)

MATERIAL
- verbrauchtes Pilzsubstrat
- Töpfe oder andere Behältnisse
- Blumenerde
- Zerstäuber/Sprühflasche (optional)

Vorgehen

Vor dem Start

Du kannst für dieses Projekt jedes beliebige Pilzsubstrat verwenden, aber der Graue Austernpilz ist am widerstandsfähigsten und bringt wahrscheinlich mehr Fruchtkörper als andere Austernpilze hervor.

Step by Step

Entferne alle Verpackungen aus deinem Pilzanbauset. Fülle Töpfe mit Blumenerde oder verwende vorhandene Topfpflanzen.

Teile den verbrauchten Substratblock in große Stücke und vergrabe diese dann in jedem Topf. Bedecke sie mit weiterer Blumenerde 3 cm dick. Dann gieße das Substrat, um es wieder zu befeuchten. Achte darauf, die Töpfe nicht zu sehr zu wässern; du kannst auch einen Zerstäuber verwenden, um das Substrat feucht zu halten.

Deine Pilze ernten

Einige Wochen nach dem Auslegen des Substrats sollten die Pilze sprießen. Zum Ernten schneide jeden Pilz an der Basis ein und hebe ihn von der Erde ab.

TIPP Wenn ihr einige Kompostwürmer (*Eisenia fetida*) in eure Outdoor-Pflanzengefäße setzt, fördern sie das Wachstum des Myzels und belüften den Boden. Durch die größere Artenvielfalt in euren Töpfen bekommt ihr einen gesünderen Boden und glücklichere Pflanzen.

Winter-Pilzbeet

Gemüsebeete im Winter boosten

In diesem Projekt zeigen wir dir wie im vorigen, wie du verbrauchtes Austernpilzsubstrat verwerten kannst, ein Nebenprodukt des Pilzanbaus, das voll mit lebendem Myzel ist. Austernpilze gehören zu den größten Zersetzern der Natur und verwandeln den organischen Abfall deiner Gemüsebeete in Nährstoffe, die für die nächste Wachstumsperiode bereitstehen. Wenn du eine dicke Schicht verbrauchten Pilzsubstrats auf die Beete aufträgst, hilfst du die Bodenstruktur wieder aufzubauen und die Artenvielfalt zu erhöhen.

Wenn es sich in deinen Gemüsebeeten ausbreitet, wird das Pilzsubstrat mithilfe der Bodennährstoffe eine wunderbare Ernte von Winterpilzen hervorbringen. Vielleicht stellst du im folgenden Jahr auch fest, dass deine Gemüsebeete ertragreicher sind und weniger Unkraut wächst. Eine echte Win-win-Situation also.

WANN Zu Winterbeginn kannst du das Substrat auch um andere Pflanzen herum ausbringen, während dein Wintergemüse noch wächst.

WO Beete, auf denen du Gemüse anbaust.

PILZE

Grauer Austernpilz (*Pleurotus ostreatus*)

MATERIAL
- 10 kg Austernpilzsubstrat für 1 m²
- Rechen
- Gießkanne oder Schlauch

Vorgehen

Step by Step

Bringe eine 10 cm mächtige Schicht Substrat auf die Oberseite des Bodens auf, und zwar 10 kg Austernpilzsubstrat pro 1 m² Beet. Drücke es mit den Händen oder einem Rechen an.

Gieße das Substrat regelmäßig, um es feucht zu halten, aber bewässere nicht, wenn Frost droht.

Deine Pilze ernten

Wenn das Wetter weiterhin mild und feucht bleibt, kann es sein, dass die Austernpilze schon einige Wochen nach dem Einbringen des verbrauchten Substrats in die Beete zu fruchten beginnen. Falls das Wetter abkühlt, wachsen die Pilze langsamer und bilden schöne dunkle Hüte, die recht groß werden können. Sie haben auch beim Kochen eine festere Textur.

Ernte deine Austernpilze, bevor die Hüte abzuflachen beginnen, und pflücke das ganze Pilzbüschel auf einmal. Vergewissere dich immer, dass du alle Pilze, die du im Freien sammelst, richtig bestimmt hast. Achte darauf, dass sie vor dem Verzehr gründlich gegart werden.

TIPP Wenn ihr eure Beete für die Anbausaison vorbereiten wollt, könnt ihr eine neue Schicht Erde auftragen oder euer Pilzsubstrat unter die vorhandene Erde mischen. Versucht, den Boden nicht zu intensiv zu bearbeiten – ihr wollt ja das Myzel erhalten, das ihr über den Winter aufgebaut habt.

Pilz-Säulen

Kreative Anbauidee für größere Pilze

Das Tolle an den Holzsäulen ist, dass man mit ihnen beeindruckende Pilze kultivieren kann.

Beim Säulenanbau werden große Stammstücke aus frisch gefällten Bäumen vertikal aufeinandergestapelt. Die Säulen machen eine imponierende Figur und können zum Beispiel eine schattige Ecke deines Kleingartens aufwerten. Außerdem brauchen die größeren Stämme länger, um sich zu zersetzen, so dass sie das Myzel lange nähren und noch viele Jahre Fruchtkörper hervorbringen werden.

WANN Wir empfehlen, mit diesem Projekt zwischen spätem Frühjahr und Mitte Herbst zu beginnen; so kann sich das Myzel etablieren, bevor sich sein Wachstum für den Winter verlangsamt.

WO Deine Holzsäule muss vor extremen Witterungsbedingungen – Wind oder direkte Sonne – geschützt werden. Stelle sicher, dass du sie das ganze Jahr über mit Wasser versorgen kannst, vor allem in Trockenperioden. Suche dir einen Standort, der gut einsehbar und zum Ernten zugänglich ist. Außerdem sollte es ein sicherer Platz sein, an dem die gestapelten Stammstücke nicht beklettert oder umgestoßen werden können.

PILZE

Schwefelporling (*Laetiporus sulphureus*)
Igel-Stachelbart (*Hericium erinaceus*)
Lungen-Seitling (*Pleurotus pulmonarius*)
Maitake (*Grifola frondosa*)

MATERIAL

- 3 große Laubholz-Stammstücke, ca. 25–30 cm Durchmesser und 20–25 cm dick
- 3 kg Sägemehlbrut
- 2 Lagen Karton, die auf den Durchmesser der Stammstücke zugeschnitten sind
- Gießkanne oder Schlauch
- 2 alte Zeitungen oder ein großer Papiersack
- 5 m Schnur
- Schere

Vorgehen

Step by Step

Laubholzstämme bieten die besten Wachstumsbedingungen für Pilze. Eiche (*Quercus*), Pappel (*Populus*) oder Buche (*Fagus*) sind gute Optionen. Idealerweise beziehst du drei große Stammstücke von einem Holzhändler oder Baumchirurgen. Achte bei der Größenwahl der Laubholzstücke darauf, dass sie groß genug sind, um nicht umzukippen, aber nicht zu groß zum Heben beim Aufstapeln.

Am Aufbautag

Nimm die frische Sägemehlbrut aus dem Kühlschrank und lasse sie eine Stunde lang Raumtemperatur annehmen. Ebne den für die Säule geplanten Bereich. Vergewissere dich, dass das unterste Stück aufrecht auf den Boden gestellt werden kann und so eine stabile Basis bildet.

Platziere die auf die gleiche Größe wie die Stammstücke zugeschnittenen Pappscheiben auf den Boden und wässere sie, bis sie durchfeuchtet sind. Lege mit sauberen Händen 1 kg Pilzbrut auf den Karton. Drücke sie mit den Händen in die Form des Kartonbodens und achte darauf, dass die Oberseite eben und gleichmäßig wird. Lege dann das erste Stammstück auf diese Pilzbrutschicht. Prüfe die Stabilität und stelle sicher, dass alles eben ist. Dies ist deine Säulenbasis und deren gesamte Stabilität hängt entscheidend von dieser Schicht ab.

Packe mit sauberen Händen weitere 1 kg Pilzbrut auf das Holzstück. Dann drücke die Brut mit den Händen in die runde Form der Oberseite und achte darauf, dass die Schicht flach und gleichmäßig ist. Wiederhole diesen Vorgang mit dem letzten 1 kg Brut und dem oberen Stammstück. Anschließend musst du eine Schutzschicht auftragen, damit die Sägemehlbrut nicht abgewaschen wird oder austrocknet. Wickle Papiersack oder Zeitungen so um die Pilzbrutschichten, dass sie diese vollständig bedecken. Befestige das Papier mit der Schnur; achte dabei darauf, dass es eng um die Säule liegt und nicht in die Brutschicht einschneidet. Alle drei Schichten müssen geschützt sein. Wässere dann die gesamte Säule, also das Papier sowie die Baumscheiben mit der Sprinkleranlage des Schlauchs oder mit dem Brausekopf der Gießkanne.

Pflege

Im Laufe des nächsten Jahres solltest du in den wärmeren Jahreszeiten regelmäßig gießen, damit deine Säule nicht austrocknet.

Wenn du das Papier nach etwa einem Jahr entfernst, sollte an der Stelle der Sägemehlbrutschichten eine feste weiße Myzelschicht zu sehen sein. Belasse das Papier, bis das Wetter abkühlt und der Herbstregen kommt.

Deine Pilze ernten

Die Pilze fruchten, wenn sich das Wetter ändert, vor allem in kühleren Nächten und bei starkem Regen im Herbst. Behalte deine Holzsäule nach Regenperioden und Temperaturrückgang im Auge. Sammle deine Pilze ein, wenn sie noch wohlgeformt und gesund sind. Auch Insekten mögen Pilze. Kontrolliere also deine Ernte auf Schädlinge, die ebenfalls ihr Glück versuchen wollen.

TIPP Es ist stets wichtig, Pilze, die ihr in der freien Natur erntet, korrekt zu bestimmen. Prüft Hüte, Stiele, Sporen und Geruch als Bestätigung, dass sie essbar sind. Es gibt viele „falsche" Arten (Pilzverzeichnis, Seiten 160–184). Alle Pilze, die draußen wachsen, müssen gut durchgegart werden.

Morchelbeet
Wachsen mithilfe von Holzasche

Die teuren, exotischen Morcheln gelten als Delikatesse – aus gutem Grund. Sie sind köstliche, geschätzte Gourmet-Pilze mit nussigem Geschmack und fester Textur. Es kann zwischen drei und fünf Jahre dauern, ein Morchelbeet anzulegen und eine gute Ernte zu erzielen. Also ein langfristiges Projekt und eine Herausforderung, aber sicher nicht unmöglich und auf jeden Fall lohnend.

Diese Anleitung basiert auf der von Adrian Ogden von Gourmet Woodland Mushrooms perfektionierten Methode, die wir hier mit seiner Erlaubnis weitergeben.

WANN Bereite die Anlage deines Morchelbeetes im späten Frühjahr nach dem letzten Frost vor. So hat das Myzel die besten Chancen, sich vor der Sommerhitze und den kalten Wintermonaten zu etablieren. Morcheln wachsen früh im Jahr, ihre Saison beginnt im April. Halte also Ausschau nach Pilzen, die zu dieser Zeit auftauchen.

WO Diese Pilze brauchen einen kühlen, schattigen Platz. Wichtig ist auch ein sandiger, gut durchlässiger Boden. Stelle sicher, dass du Zugang zu reichlich gesammeltem Regenwasser hast, damit du dein Beet während eventueller Trockenperioden gut bewässern kannst.

PILZE

Schwarze Morchel (*Morchella angusticeps*)

MATERIAL
(für ein Beet 1 × 1 m)
- 1–2 Eimer Asche aus Laubholz – für die Herstellung der Asche darf kein behandeltes Holz, Papier oder Pappe und keine benzinbasierten Feueranzünder verwendet werden
- 1 Eimer feiner Sand, falls der Boden dies benötigt (wenn du bereits einen Boden mit Sandanteil hast, kannst du diesen Schritt überspringen)
- Eimer mit Gartenkompost
- 2 kg Morchel-Sägemehlbrut, bis zum Gebrauch gekühlt aufbewahrt; vermeide Körnerbrut, die Schädlinge anlocken kann
- 2,5 kg Gipspulver
- Rechen
- Regenwasser oder Gießkanne mit feinem Brauseaufsatz
- ca. 0,1 m³ Ulmen- oder Eschenholzspäne, die auf das Morchelbeet gelegt werden

Vorgehen

Step by Step

Die Asche für dein Morchelbeet sollte durch Verbrennen von unbehandeltem Laubholz unterschiedlicher Stärke erzeugt werden, um einen Waldbrand zu simulieren. Entzünde das Feuer in sicherer Umgebung und sorge dafür, dass du es für die Dauer des Brennens ordnungsgemäß überwachen kannst. Lasse die Feuerstelle nach dem Abbrennen mindestens 24 Stunden abkühlen.

Säubere die für dein Morchelbeet vorgesehene Fläche und ebne den Boden. Falls erforderlich, kannst du in dieser Phase eine Schicht Sand auf den Boden ausbringen.

Anlegen des Morchelbeetes

Vermische Gartenkompost, Pilzbrut, Gips und Asche gleichmäßig auf der Beetfläche. Glätte die Mischung mit dem Rechen oder per Hand. Wässere das Beet mit einem feinen Zerstäuber oder dem Brauseaufsatz der Gießkanne. Bedecke die Asche- und Pilzbrutmischung mit den Holzspänen.

Pflege

Gieße das Morchelbeet regelmäßig leicht mit Regenwasser und achte darauf, dass es nicht austrocknet. Verwende immer den Brauseaufsatz der Gießkanne, um die Brut nicht aus dem Beet zu spülen.

Jedes Jahr nach der Morchelsaison musst du dein Morchelbeet mit einer neuen Schicht aus Holzspänen und Asche auffüllen.

Deine Pilze ernten

Morcheln fruchten bekanntermaßen früh, und die ersten Fruchtkörper müsstest du Ende März oder im April sehen. Sie sollten nach anhaltenden starken Regenfällen erscheinen. Um sie zu ernten, greife und drehe jeden Stiel auf Bodenhöhe, bis er sich von den Holzspänen ablöst.

TIPP Achtet auf giftige Lorcheln (Seite 173) und lasst euch beim Erkennen Echter Morcheln beraten. Morcheln sollten vor dem Verzehr gut durchgegart werden.

Kompost mit Würmern und Pilzen

Eine geradezu himmlische Kompost-Kombi

Das im Englischen „Mycovermicomposting" genannte Kompostieren bietet eine fantastische Möglichkeit, verbrauchtes Pilzsubstrat und Küchenabfälle zu verwerten. *„Myco"* steht im Griechischen für Pilz, und *„vermi"* kommt vom lateinischen *vermis* (Wurm). Diese Variante des Kompostierens konzentriert sich speziell auf die Vorteile, die Würmer und Pilze deinem Boden bringen.

Während sie sich an den Küchenabfällen und dem Pilzmyzel laben, verdauen die Würmer die verbliebenen Nährstoffe und scheiden dann „Wurmhäufchen" aus. Dieser Wurmkot ist voller Mikroben, die den Zersetzungsprozess beschleunigen und deine Abfälle in wertvollen Humus für den Garten verwandeln. Wir empfehlen, dass du dir für das Projekt die Kompostwurmart *Eisenia fetida* bei einem der zahlreichen seriösen Anbieter besorgst. Diese kleinen Würmer wühlen vertikal, ziehen organische Abfälle von der Erdoberfläche herunter und helfen so, die Nährstoffe im Boden zu verteilen.

WANN Du kannst deinen Wurm-Pilz-Kompost zu jeder Jahreszeit anlegen, solltest aber bedenken, dass die Würmer im Winter träger werden und nicht so viel verarbeiten. In den wärmeren Monaten musst du darauf achten, dass der Kompost nicht überhitzt oder austrocknet.

WO Du kannst jeden Kompostbehälter verwenden oder eine spezielle Wurmkiste kaufen. Der Standort sollte schattig und leicht zugänglich sein, so dass du immer wieder etwas dazugeben und von Zeit zu Zeit nach deinen Würmern sehen kannst.

PILZE

Eine Vielzahl von Pilzmyzelien bringt Artenvielfalt in den Boden, so dass jedes (oder mehrere) der in unseren Projekten aufgeführten verbrauchten Substrate für dieses Kompostierungsprojekt verwendet werden kann.

MATERIAL

- 1 kg (mindestens) verbrauchtes Pilzsubstrat
- Standard-Kompostbehälter oder Wurmkiste (mit Deckel)
- mindestens 250 g Kompostwürmer wie z. B. *Eisenia fetida*
- doppelte Handvoll pflanzlicher Küchenabfälle
- große Handvoll Gartenerde
- Sägemehl oder brauner Karton/ Papier (optional)

Vorgehen

Step by Step

Zerkleinere dein verbrauchtes Pilzsubstrat
in deinem Kompostbehälter. Mische dann
Speisereste und Gartenerde unter das Substrat.
Vermeide die Zugabe von Milchprodukten,
fetthaltigen Lebensmitteln oder Fisch/Fleisch,
da diese Schädlinge anziehen. Das gilt auch für
Gartenabfälle; es kann länger dauern, bis sich
die Würmer durch die schwerer zersetzbaren
Materialien gearbeitet haben. Füge die Würmer hinzu und schließe den Deckel wieder.

Pflege

Wenn die Würmer beginnen, den Kompost zu
besiedeln, belüften sie diesen durch ihr Wühlen und verbessern den Feuchtigkeitsrückhalt.
Fülle deinen Kompost immer wieder mit
pflanzlichen Küchenabfällen auf. Wird er zu
nass, mische das Substrat gut durch. Vergewissere dich auch, dass deine Wurmkiste gut
drainiert; du kannst etwas Sägemehl oder
braune Pappe/Papier hinzugeben, um dies zu
unterstützen.

Sobald sich dein Substrat vollständig zu
einem reichhaltigen, braunen, erdig riechen-
den Kompost zersetzt hat, kannst du diesen
als Bodenverbesserer in den Gartenboden
einbringen. Durch den Reichtum an Mineralstoffen wird er deine Pflanzen ernähren, und
die Würmer tun weiterhin dem Boden gut.
Hoffentlich siehst du dann größere Erträge –
etwa bei deinem Gemüse – und eine Fülle von
Blüten an deinen Blumen.

TIPP Lasst beim Auskippen
immer ein Viertel des
Inhalts in eurer Kompost-
tonne oder eurer
Wurmkiste. Gebt Küchen-
abfälle und weiteres ver-
brauchtes Pilzsubstrat
wie bisher hinzu und setzt
so den Zyklus fort.

Weihnachtsbaumprojekt
Neujahr – Zeit fürs Upcycling des Weihnachtsbaums

Wir mögen es nicht, wenn etwas weggeworfen wird, und die vielen Weihnachtsbäume, die in der ersten Woche des neuen Jahres die Straßenränder säumen, stimmen besonders traurig. Mit diesem Projekt kannst du deinem Weihnachtsbaum ein bisschen Extraliebe schenken und ihn zum Kultivieren köstlicher Pilze umfunktionieren.

Fichten, Tannen und andere Nadelbäume besitzen pilzhemmende Eigenschaften, aber es gibt drei Arten von Speisepilzen, die einen Weg zur Besiedlung ihrer Stämme gefunden haben: Lungen-Seitling, Nameko und Shiitake.

WANN Das neue Jahr ist die perfekte Zeit, denn da gibt es eine Fülle entsorgter Weihnachtsbäume. Idealerweise sollte dein Weihnachtsbaum nicht länger als acht Wochen vor Start dieses Projekts gefällt worden sein und keine sichtbaren Anzeichen von anderem Pilzwachstum aufweisen.

WO Für die Lagerung des Stammes nach dem Beimpfen suchst du dir einen geschützten Platz im Garten oder auf einem Balkon mit Zugang zu natürlichem Niederschlag.

Vor extremen Witterungsbedingungen und starkem Wind schützen.

Vorgehen

Step by Step

Das ausgewählte Stammstück deines Weihnachtsbaums sollte mindestens 8 cm dick und 50 cm lang sein. Für diese Größe empfehlen wir 20–30 Pilzdübel. Bei dickeren Stämmen sind mehr Dübel erforderlich, und das Beimpfen kann länger dauern. Als Faustregel gilt: Je mehr Dübel, desto schneller und stärker verläuft das Beimpfen.

Säge zunächst die Zweige im unteren Teil deines Baumes ab. Entferne sie vorsichtig und so nah wie möglich am Hauptstamm. Schneide dann den Stamm weiter oben auf die richtige Länge zu – etwa 50 cm. Versuche, die Rinde des Stammes

PILZE

Lungen-Seitling (*Pleurotus pulmonarius*)
Nameko (*Pholiota microspora*)
Shiitake (*Lentinula edodes*)*

* Hierfür muss ein spezieller Stamm von Shiitake-Pilzbrut beschafft werden. Erkundige dich daher vor der Bestellung bei deinem Lieferanten, ob die Dübel für die von dir gewählte Baumart geeignet sind.

MATERIAL
- Weihnachtsbaum (Tanne, *Abies*)
- Säge oder Gartenschere
- 20–30 frisch beimpfte Dübel, bis zur Verwendung gekühlt
- Bohrer und Bohraufsatz entsprechend der Dübelgröße
- alkoholische Desinfektionstücher bzw. -spray oder kochendes Wasser
- Stift oder Klebeband
- Hammer
- 50 g Bienen- oder Sojawachs guter Qualität
- Wärmequelle zum Schmelzen des Wachses
- weicher Schwammtupfer oder Pinsel, um das geschmolzene Wachs aufzutragen
- Gießkanne oder Schlauch (optional)

nicht zu beschädigen, da sie dazu beiträgt, die Feuchtigkeit zu speichern.

Lege nach dem Absägen eine Zeitung unter den Stamm, um die darunterliegende Oberfläche vor Wachs zu schützen.

Beimpfen des Stammes

Nimm die Dübel aus dem Kühlschrank. Reinige den Bohrer mit Desinfektionsmittel oder kochendem Wasser. Markiere mit einem Stift oder Klebeband die Länge der Dübel auf dem Bohrer, damit später die Tiefe der Löcher der Dübellänge entspricht. Die Dübel sollten nach dem Einsetzen bündig mit der Holzoberfläche abschließen.

Markiere die erste Reihe für die Dübel längs des Stammes mit acht gleichmäßig verteilten Punkten. Für die nächste Reihe versetzt du sieben gleichmäßig verteilte Punkte zur ersten Reihe. Bei 30 Dübeln musst du insgesamt vier Reihen markieren, so dass du eine rautenförmige Anordnung um den Stamm herum erhältst – für eine gleichmäßige Besiedlung durch das Myzel.

Bohre die Löcher an den markierten Stellen bis zur Tiefe der Bohrermarkierung. Setze einen Dübel in ein Loch und schlage ihn mit dem Hammer ein, bis er bündig mit der Oberfläche des Holzes abschließt. Mache dies für alle 30 Dübel.

Schmelze das Wachs und lasse es bei schwacher Hitze stehen. Tupfe es mit Schwamm oder Pinsel auf die Dübel und die abgeschnittenen Zweige, um sie zu versiegeln. Das Versiegeln hilft, die Dübel vor Eichhörnchen und Insekten zu schützen. Versiegele aber die beiden abgesägten Enden des Stammstückes nicht.

Markiere deinen Stamm, damit er leicht identifiziert werden kann. Lege den Baumstamm dann an den von dir gewählten Ort, liegend oder aufrecht stehend. Eine Schicht Laubmulch schützt ihn vor der Witterung.

Kontrolliere den Baumstamm im Laufe der Monate immer wieder auf Anzeichen von Fruchtkörperbildung und um sicherzustellen, dass er nicht austrocknet. Wenn es eine Woche lang nicht geregnet hat, solltest du ihn mit einer Gießkanne oder einem Schlauch bewässern.

Deine Pilze ernten

Dein Stamm beginnt etwa 10–12 Monate nach dem Beimpfen zu fruchten. Nameko fruchten am liebsten bei kalten Temperaturen. Behalte also den Stamm im Auge, wenn die Temperaturen sinken – und nach Starkregen. Lungen-Seitlinge und Shiitake können etwas früher im Jahr Fruchtkörper bilden. Beim Outdoor-Anbau besteht immer die Gefahr, dass sich Sporen anderer Pilze ansiedeln; daher ist eine eindeutige Bestimmung wichtig. Achte darauf, dass du vor dem Pflücken die Hüte, Lamellen und Stiele auf Ähnlichkeiten oder Varianten untersuchst.

Wir empfehlen, die Pilze zu ernten, wenn sie noch jung und frisch sind. Greife dazu jeden Pilz an der Basis, nahe am Stamm, und drehe ihn ab. Alternativ kannst du die Pilze auch mit Messer oder Schere abschneiden.

Es kann sein, dass du im Laufe der Reifesaison mehrere Schübe von Pilzen bekommst.

TIPP Um eurem Projekt die besten Chancen zu geben, benötigt ihr frisch beimpfte Dübel. Wenn ihr plant, einen alten Weihnachtsbaum zu verwerten, bestellt die Dübel vor Weihnachten und legt sie in den Kühlschrank, damit ihr sie einsetzen könnt, sobald ein Baum verfügbar ist.

Pilztinktur

Hole das Beste aus deinen Pilzen heraus

Durch das Herstellen einer Tinktur ziehst du den maximalen Nährwert aus den Pilzen. Tinkturen im Vorratsschrank bieten die perfekte Möglichkeit, eine tägliche Dosis dieses so nahrhaften Lebensmittels zu erhalten.

Du kannst das gesamte Projekt als Doppelextraktions-Methode durchführen oder dich auf eine der unten aufgeführten Stufen konzentrieren.

Im ersten Schritt wird Alkohol verwendet, um alle nicht wasserlöslichen Bestandteile aus den Trockenpilzen zu ziehen. Großartig geeignet für weniger leicht verdauliche Heilpilze wie Reishi und Schmetterlings-Tramete.

Die zweite Stufe ist eine Abkochung, bei der die Pilzessenz durch Hitze und Wasser extrahiert wird. Dies funktioniert auch mit anderen essbaren Pilzen und entzieht ihnen wasserlösliche Verbindungen, die für ihre entzündungshemmenden und antioxidativen Eigenschaften bekannt sind.

Ein Dualextrakt – unter Einsatz beider oben beschriebenen Stufen – ergibt die besten Tinkturen und ist den zusätzlichen Aufwand wert. Beide Ansätze funktionieren aber auch einzeln.

WANN Dieses Projekt kann zu jeder Jahreszeit gestartet werden. In der ersten Vorbereitungsphase musst du deine Pilze 2–8 Wochen lang einweichen.

WO Die erste Stufe (mit Alkohol) bedeutet ein einfaches Mischen und Einweichen. Anschließend lässt du die Mischung in einem dunklen, kühlen Schrank ziehen und schüttelst den Inhalt des Glases täglich.

PILZE
Jeder getrocknete oder frische Speisepilz aus dem Pilzverzeichnis (Seiten 160–184).

MATERIAL FÜR ALKOHOLISCHEN AUSZUG
- 30 g getrocknete Pilze, grob gehackt
- 500-ml-Schraubdeckelglas oder Glasflasche mit weiter Öffnung
- 250 ml Wodka guter Qualität, mind. 40 Vol.% Alkohol
- Backpapier
- feines Mulltuch, für 1 m²
- Schüssel
- Trichter zum Umfüllen der Tinktur
- 100-ml-Tropfpipettenflasche (Braunglas)
- selbstklebende Etiketten
- Stift

MATERIAL FÜR WÄSSRIGEN AUSZUG
- 500 ml Quellwasser oder gefiltertes Wasser
- Kochtopf
- Kochfeld oder Gasherd
- Trichter zum Abgießen des Aufgusses
- feines Mulltuch, für 1 m²
- Schüssel
- 100-ml-Tropfpipettenflasche (Braunglas)
- selbstklebende Etiketten und Stift zum Beschriften

Vorgehen

Step by Step

Stufe 1: alkoholischer Auszug

Die getrockneten Pilze in das Glas geben. Fülle dies zur Hälfte mit dem Wodka auf und achte darauf, dass die Pilze vollständig bedeckt sind. Lege das Backpapier zwischen Glas und Deckel, bevor du es verschließt, und schüttele es dann gut.
Bewahre das Glas in einem kühlen, dunklen Schrank auf und schüttele es jeden Tag.

Zum Abfüllen des Extrakts in Flaschen die Schüssel mit dem Mulltuch abdecken. Die Mischung dadurch abseihen, Flüssigkeit und Pilze aufbewahren. Falte das Tuch doppelt, um die feineren Pilzbestandteile aufzufangen. Fülle die Flüssigkeit zurück ins Glas und verschließe es mit dem Deckel.

Wenn dir dieser Auszug ausreicht, fülle etwas von deiner Tinktur mittels Trichter in die Tropfpipettenflasche um, dann bewahre sie und das Glas bis zu einem Jahr in einem kühlen, dunklen Schrank auf. Vergiss nicht, beide Behälter zu datieren und zu beschriften.

Stufe 2: wässriger Auszug

Die abgeseihten Pilze und das Wasser in einen Topf geben, zum Kochen bringen und zwei Stunden lang bei sehr geringer Hitze köcheln lassen.

Bei Bedarf immer wieder Wasser nachgießen, damit die Mischung nicht trocken wird.

Sobald die Mischung um die Hälfte eingekocht ist und eine dickere, sämige Konsistenz hat, den Topf vom Herd nehmen, abdecken und vollständig abkühlen lassen. Die Mischung durch ein Mulltuch in eine Schüssel abseihen, das Pilzwasser aufbewahren und die Pilze entsorgen.

Abschließende To-Do's

Falls du beide Stufen durchgeführt hast, vermische jetzt im Glas das Pilzwasser mit dem Alkoholextrakt. Verwende anschließend den Trichter, um die kombinierte Tinktur in die Tropfpipettenflasche umzufüllen. Beschrifte Glas und Flasche mit den Pilzzutaten und dem Datum, an dem du den Doppelextrakt gemischt hast.

Einnahme deiner Tinktur

Durch die Tropfpipettenflasche kannst du deine Tagesdosis kontrollieren und je nach Bedarf variieren. Es wird geraten, jeden Tag zwischen einem Drittel und einer ganzen Pipettenfüllung einzunehmen. Diese Dosis kann über den Tag verteilt oder auf einmal eingenommen werden. Wir empfehlen, nicht mehr als etwa 2 ml einzunehmen.

TIPP Die Tinktur auf Wasserbasis allein ist nicht so lange haltbar wie die auf Alkoholbasis, daher solltet ihr sie gekühlt aufbewahren und innerhalb eines Monats verbrauchen.

Getrocknete Pilze

Ein Must-have für Pilzliebhaber

Das Trocknen ist eine der besten Methoden, alle Arten von Pilzen zu konservieren und zu lagern. Beim Trocknen intensivieren sich Geschmack und Aroma, und der einzigartige Umami-Geschmack, für den Pilze so beliebt sind, vertieft sich noch.

WANN Bei diesem Projekt beschreiben wir zwei verschiedene Trocknungstechniken. Die erste ist das natürliche Trocknen an der Luft, welches die besten Ergebnisse während der wärmeren Tage im Sommer und Frühherbst erzielt. Die Ofentrocknung dagegen kann das ganze Jahr über durchgeführt werden.

WO Natürliches Trocknen braucht frische Luft und die Wärme der Sonne über einige Tage hinweg. Das Trocknen im Ofen findet in deiner Küche statt.

PILZE
Jeder getrocknete oder frische Speisepilz aus dem Pilzverzeichnis (Seiten 160–184).

MATERIAL
- 250 g frische Pilze
- Messer (optional)
- luftdichtes Behältnis zur Aufbewahrung der getrockneten Pilze
- selbstklebendes Etikett
- Stift
- hitzebeständige Schüssel
- kochendes Wasser

FÜR NATÜRLICHES LUFTTROCKNEN
- große, flache Schüssel

FÜR DAS TROCKNEN IM OFEN
- Backofen
- Backblech
- Backpapier

Vorgehen

Step by Step

Natürliches Lufttrocknen

Schneide deine Pilze in gleichmäßige Stücke. Kleine, flache Pilze lassen sich auch gut im Ganzen trocknen.

Lege die Pilze mit den Lamellen nach oben in eine große, flache Schale. Stelle sie in die Sonne oder an einen warmen und trockenen Ort mit viel Luftzufuhr.

Wende die Pilze nach sechs Stunden; wiederhole diesen Schritt, bis die Pilze komplett durchgetrocknet sind.

Trocknen im Ofen

Heize deinen Backofen auf 70 °C vor und lege ein Backblech mit Backpapier aus.

Schneide die Pilze in gleichmäßige Scheiben und verteile sie auf dem Backpapier; achte dabei darauf, dass sich die einzelnen Stücke nicht berühren. Stelle das Backblech für etwa drei Stunden in den vorgeheizten Ofen. Kontrolliere deine Pilze jede Stunde. Beim Öffnen der Tür entweicht die Feuchtigkeit, das unterstützt den Trocknungsprozess. Nimm das Blech heraus, wenn die Pilze knochentrocken sind und sich schön knusprig anfühlen.

Aufbewahren und Rehydrieren der Pilze

Lagere deine Pilze in einem luftdichten, entsprechend etikettierten Behälter in einer kühlen, trockenen Umgebung. So können sie bis zu einem Jahr haltbar sein.

Wenn du sie essen möchtest, kannst du sie einweichen, indem du sie in eine hitzebeständige Schüssel gibst und mit kochendem Wasser bedeckst.

Weiche die Pilze vor dem Verzehr 20–30 Minuten lang ein. Alternativ kannst du die getrockneten Pilze auch zu einem Pilzpulver verarbeiten (Seite 154). Achtung, auch getrocknete Pilze müssen vor dem Genuss gut erhitzt werden.

TIPP Achtet mal darauf, wie sich eure Pilze während des Trocknens verändern. Zunächst werden sie faltig, dann gummiartig. Schließlich sind sie knochentrocken und knusprig. Wenn ihr die Pilze an der Sonne trocknet, werden sie zudem mit Vitamin D angereichert (unser Projekt Vitamin D-Boost, Seite 144).

Vitamin D-Boost

Tanke deine Pilze mit Vitamin D auf

Ähnlich wie wir können Pilze das ultraviolette Licht der Sonne in Vitamin D umwandeln, ein wichtiges Vitamin, das uns auch hilft, Kalzium – wichtig für Knochen und Zähne – aufzunehmen. Da Vitamin D jedoch größtenteils durch Sonnenexposition unserer Haut gebildet wird, müssen wir es in den dunkleren Monaten des Winters anderweitig beschaffen. Hier kommen die Pilze zum Einsatz.

Wenn du deine selbst gezüchteten Pilze nach draußen in die Sonne stellst, beginnen sie, das Sonnenlicht zu absorbieren und in Vitamin D umzuwandeln. Dieser bleibt auch nach dem Trocknen, Garen oder Lagern im Kühlschrank erhalten. Im Unterschied dazu werden viele im Laden gekaufte Pilze im Dunkeln oder unter elektrischem Licht angezogen und haben einen relativ geringen Vitamin D-Gehalt.

WANN Die Mittagssonne zwischen Frühsommer und Frühherbst ist für deine Pilze am besten. Aber auch unabhängig von der Jahres- oder Tageszeit kann das Sonnenlicht den Wert deiner selbst gezüchteten Pilze steigern.

WO Irgendwo in voller Sonne. Wähle einen Platz im Freien oder an einem offenen Fenster, denn Glasscheiben oder Plastikabdeckungen lassen nicht genügend UV-Licht eindringen, als dass deine Pilze davon profitieren könnten.

Vorgehen

Step by Step

Lege die Pilze mit den Lamellen nach oben in die Schüssel. Lasse diese 15–120 Minuten in der Sonne stehen.

Die Sonnenbestrahlung kann über mehrere Tage hinweg erfolgen. Je länger die Pilze in der Sonne trocknen, desto mehr Vitamin D nehmen sie auf.

PILZE

Jeder essbare Pilz wie z. B.:
Button-Champignon (*Agaricus bisporus* var. *bisporus*)
Austernpilze (*Pleurotus* spp.)
Portobello-Pilz (*Agaricus bisporus*)
Shiitake (*Lentinula edodes*)
Cremini-Champignon (*Agaricus bisporus* var. *bisporus*)

MATERIAL
- gekaufte oder selbst gezogene Pilze
- große flache Schüssel

TIPP Das Trocknen der Pilze an der Sonne versorgt sie nicht nur mit Vitamin D, sondern konserviert sie auch hervorragend (Getrocknete Pilze, Seite 140). Jeder Speisepilz profitiert von der Sonneneinstrahlung, aber der Shiitake ist wie ein sich schnell aufladender „Supercharger", der das meiste Vitamin D gewinnt und speichert.

Pilzkaffee

Für den Extrakick am Morgen: kalt gebrühter Pilzkaffee

Warum nicht das Beste deines Lieblingskaffees und deiner Pilze für ein erfrischendes Getränk kombinieren?

Getrocknete Pilze haben ein intensives Aroma, das sich beim Aufbrühen mit kochendem Wasser wunderbar entfaltet. Kombiniert mit der „Cold Brew"-Methode kannst du all das herausholen, was einen köstlichen Kaffee ausmacht. Das Kaltaufbrühen bringt die sanfteren, weniger säurehaltigen Aromen der Kaffeebohnen zur Geltung, während auch die erdigen Noten der Trockenpilze zum Tragen kommen.

WANN Du benötigst 18–24 Stunden für die Zubereitung. Nach dem Aufbrühen hält sich dein Kaffee bis zu 48 Stunden im Kühlschrank.

WO Deine Küche oder jeder andere Ort, an dem du üblicherweise dein Morgengetränk zubereitest.

PILZE

Alle getrockneten Speisepilze, die im Pilzverzeichnis aufgeführt sind (Seiten 160–184).
Siehe auch „Getrocknete Pilze" (Seite 140), wo du erfährst, wie du deine eigenen Pilze trocknen kannst.

MATERIAL

- hitzebeständige Schüssel
- 20 g getrocknete Pilze
- 500 ml kochendes, gefiltertes Wasser
- Löffel
- 1 Teelöffel Honig (optional)
- 50 g grob gemahlener Kaffee
- Sieb
- Küchenpapier
- Messbecher
- 500-ml-Glasgefäß oder -flasche mit Deckel

Vorgehen

Step by Step

Die unten aufgeführten Zutaten und Anweisungen sind Richtwerte – du kannst alles nach deinem Geschmack anpassen. Vermeide fein gemahlenen Kaffee, da er zu stark werden könnte und sich auch schwerer abseihen lässt.

Weiche die Pilze in der Schüssel mit dem kochenden Wasser ein, dann lasse sie vollständig abkühlen. Wenn du es gern süß magst, gib einen Teelöffel Honig dazu.

Dann die Pilze durch ein Sieb abgießen, das Pilzwasser aufbewahren. Die Pilze kannst du in deinem nächsten Pilzgericht verwerten. Das Kaffeepulver mit einem Löffel in das Pilzwasser geben. Leicht vermischen. Abdecken und ruhen lassen – nicht umrühren.

Nach 12–15 Stunden die Mischung durch das mit Küchenpapier ausgelegte Sieb abseihen. Verwende den Messbecher zum Umfüllen des Pilzkaffee-Aufgusses in das von dir gewählte Glas beziehungsweise die Flasche.

Den Pilzkaffee servieren

Verdünne den Aufguss 1:1 mit kaltem Wasser oder Milch; du kannst ihn aber auch pur auf Eis servieren.

Wenn du lieber einen warmen Pilzkaffee magst, erhitze ihn einfach auf dem Herd oder in der Mikrowelle.

TIPP Nutzt die eingeweichten Pilze für Risotto, Suppe oder Eintopf. Im Kühlschrank sind sie bis zu drei Tage haltbar; ihr könnt sie auch einfrieren.

1

4

Tee-Aufguss aus Pilzen

Für wohlige Wärme von innen

Dieses Projekt bietet eine großartige Verwendungsmöglichkeit für deine selbst getrockneten Pilze (Seite 140) oder andere Pilze aus deinem Vorrat. Durch das Aufgießen mit heißem Wasser kannst du ihren köstlichen Geschmack und ihren Nährwert optimal nutzen.

Wir fügen gern einen Hauch von Miso hinzu, um den Umami-Geschmack noch zu verstärken.

WANN Die Zubereitung des Aufgusses dauert nur wenige Minuten. Gekühlt hält er sich einige Tage im Kühlschrank.

WO Deine Küche oder ein anderer Ort, wo du gern Mittagspause machst.

PILZE
alle getrockneten Speisepilze aus dem Pilzverzeichnis (Seiten 160–184)

MATERIAL
(für zwei Personen)
- 10–15 g ganze getrocknete Pilze
- Teekanne oder Krug
- 500 ml kochendes, gefiltertes Wasser
- ½ Teelöffel Misopaste
- Löffel

FÜR DEN CHILL-TEE
- Teesieb
- Glasgefäß oder Flasche mit Deckel

Vorgehen

Step by Step

Unsere Angaben sind Richtwerte – passe die Stärke deines Aufgusses an, indem du die Menge an Pilzen, Miso und/oder die Ziehzeit nach deinem Geschmack veränderst.

Gib die getrockneten Pilze in eine Teekanne oder einen Krug und füge kochendes Wasser hinzu. Rühre die Misopaste ein, bis sie sich aufgelöst hat. Mindestens fünf Minuten ziehen lassen und dann servieren. Du kannst die Pilze dann anderweitig verwenden.

Zum Chillen

Lasse den Aufguss abkühlen. Durch ein Teesieb in ein Glas oder eine Flasche mit Deckel gießen, bis zu 48 Stunden im Kühlschrank aufbewahren.

Der kalte Pilztee ist eine willkommene Erfrischung an heißen Tagen, besonders wenn er auf Eis mit Zitronenscheibe serviert wird.

TIPP Nehmt für einen süßeren Aufguss statt der Misopaste einen Teelöffel Honig.

Pilzgewürz

Umami-Geschmack plus Nährwert für jedes Gericht

Hier findest du ein einfaches Rezept, mit dem du deine getrockneten Pilze in eine köstliche Umami-Würzmischung verwandeln kannst. Verwende sie als großartiges Gewürz, das ganz vielen Gerichten einen reichhaltigen, herzhaften Geschmack verleiht.

Nutze beim Zubereiten für eine feine Mischung einen Mixer oder eine Gewürzmühle.

Mit einem Mörser und einem Stößel behält das Gewürz eine gröbere Textur, die gut zu den anderen hier verwendeten Zutaten passt.

Vorgehen

Step by Step

Zerkleinere die Trockenpilze im Mixer, einer Gewürzmühle oder mithilfe eines Mörsers bis zur gewünschten Konsistenz. Füge dann die Kräuter hinzu und zerkleinere alles erneut.

In ein Glas umfüllen und das Salz untermischen. Du kannst auch das Salz am Anfang mit in den Mörser geben, so verbindet sich alles noch besser. Die Gewürzmischung ist in einem luftdicht verschlossenen Behälter sechs Monate haltbar.

PILZE

Brauner Kräuter-Seitling, getrocknet (*Pleurotus eryngii*)
Igel-Stachelbart, getrocknet (*Hericium erinaceus*)
Rosen-Seitling, getrocknet (*Pleurotus djamor*)
Shiitake, getrocknet (*Lentinula edodes*)

ZUTATEN*

- 30 g getrocknete Pilze – nur eine Sorte oder eine Mischung
- 1 Teelöffel getrockneter Salbei, fein gehackt oder gemahlen
- 1 Teelöffel getrockneter Rosmarin, fein gehackt oder gemahlen
- ½ Teelöffel getrockneter Thymian, fein gemahlen oder gehackt
- 60 g Meersalzkristalle oder -flocken von guter Qualität

EQUIPMENT

- Mixer, Gewürzmühle oder Mörser
- Aufbewahrungsgefäß

* Wir empfehlen, nicht mehr als drei verschiedene Kräuter zu verwenden. Wählt gut zueinander passende, je nach Geschmack und Verfügbarkeit.

TIPP Für zusätzliche Geschmacksnoten könnt ihr Pfeffer, getrocknetes Knoblauchpulver oder Zwiebelpulver hinzufügen. Auch geräucherter, getrockneter Knoblauch oder geräuchertes Paprikapulver oder Chiliflocken können einen würzigen Akzent setzen.

Pilzpulver
Die volle Power der Pilze nutzen

Beim Verarbeiten deiner getrockneten Pilze zu Pulver kannst du ihren Nährwert besonders einfach genießen. Pilzpulver ist eine wunderbar vielseitige Zutat, die zu Marinaden, Suppen und Eintöpfen passt. Auch in Brot-, Kuchen- und Brownie-mischungen sowie in Smoothies und Kaffee lässt es sich verwenden – für den Extrakick zum Start in den Tag.

Beim Kombinieren verschiedener Pilze in deinem Pulver profitierst du auf einen Schlag von ihren unterschiedlichen gesundheitsfördernden Eigenschaften und ihrer Geschmacks-vielfalt.

WANN Immer wenn du einen Überschuss an getrockneten Pilzen hast! Siehe unser Projekt zum Trocknen von Pilzen (Seite 140).

WO Deine Küche.

PILZE
jeder getrocknete oder frische Speisepilz aus dem Pilzverzeichnis (siehe Seiten 160–184).

MATERIAL
- getrocknete Champignons, mind. 30 g, oder 250 g frische Speisepilze
- Küchenmixer oder Gewürzmühle
- Glasvorratsbehälter
- selbstklebendes Etikett
- Stift

Vorgehen

Step by Step
Gib die getrockneten Pilze in einen Mixer oder eine Gewürzmühle und mahle sie zu einem feinen Pulver. Fülle das Pulver in ein luftdichtes Glas und beschrifte dieses mit Angaben zur Pilzmischung sowie dem Datum. Lagere es in einem kühlen, dunklen Schrank; es ist bis zu einem Jahr haltbar.

TIPP Um den Nährwert zu erhöhen, könnt ihr in einem Brownie- oder Brotrezept bis zu 20 g Mehl gegen die gleiche Menge Pilzpulver austauschen. Siehe auch Pilzgewürz (Seite 152), Pilztinktur (Seite 136) und Pilzkaffee (Seite 146) für weitere Verwendungsideen.

Sauer eingelegte Pilze

Konserviere deine Pilze

Ein altes Rezept, für die moderne Zero-Waste-Generation erneut zum Leben erweckt! Die einfache Technik des sauren Einlegens konserviert deine Pilze durch Salzlake. Dabei behalten sie sowohl ihre feste Konsistenz als auch ihren frischen Geschmack. Je länger du die eingelegten Pilze im Kühlschrank aufbewahrst, desto intensiver nehmen sie die Aromen der Kräuter auf.

Eingelegte Pilze sind eine großartige Ergänzung für jede Wurst- oder Käseplatte oder jeden Salatteller und eignen sich auch hervorragend als selbstgemachtes Geschenk aus der Küche, mit dem du deine Freunde begeistern wirst.

PILZE

Button-Champignon (*Agaricus bisporus* var. *bisporus*)
Cremini-Champignon (*Agaricus bisporus* var. *bisporus*)
Austernpilze (*Pleurotus* spp.)
Shiitake (*Lentinula edodes*)

ZUTATEN

- 150 ml Wasser
- 150 ml Weißwein- oder Apfelessig
- 2 gestrichene Teelöffel Meersalz
- 4 gestrichene Teelöffel Zucker
- 1 Teelöffel Dijon-Senf
- 225 g Pilze
- 2 Schalotten
- 1 gehäufter Esslöffel gemischte frische, fein gehackte Kräuter wie Dill, Rosmarin und Estragon

EQUIPMENT

- 500-ml-Schraubdeckelglas oder anderes Glas mit Deckel
- Backblech
- Kochtopf
- Holzlöffel
- Messer
- Schneidebrett
- Schüssel

Vorgehen

Step by Step

Sterilisiere das Glas, indem du es gründlich abwäschst und dann Glas und Deckel nebeneinander mit kochendem Wasser füllst und 5 Minuten stehen lässt. Abgießen und abkühlen und trocknen lassen. Alternativ kannst du das Glas bei maximaler Temperatur in der Spülmaschine reinigen.

Schneide große Pilze in 2 mm dicke Scheiben und hacke die Schalotten fein. Mische alle frischen Zutaten in der Schüssel und gib sie in das Einmachglas. Frische Austernpilze lassen sich leichter in die Gläser füllen, da sie sich gut quetschen lassen. Cremini- und Shiitake-Pilze sind fester, so dass du möglicherweise weniger brauchst, um das Glas zu füllen.

Wasser, Essig, Salz und Zucker in den Topf geben, zum Kochen bringen und sofort vom Herd nehmen. Den Dijon-Senf hinzufügen und mit dem Löffel umrühren, bis er sich aufgelöst hat – das ist die Marinade.

Gieße den heißen Sud ins Glas, bis die Pilze bedeckt sind. Mit dem Deckel fest verschließen und die Mischung abkühlen lassen.

Gleich nach dem Abkühlen das Glas in den Kühlschrank stellen und vor dem Verzehr 24 Stunden durchziehen lassen.

Deine eingelegten Pilze sind ungeöffnet einen Monat lang haltbar. Achte darauf, sie innerhalb von drei Tagen nach dem Öffnen des Glases zu verbrauchen.

Servierideen

Deine eingelegten Pilze passen gut zu Käse, Pastete oder Avocadoscheiben, die mit etwas Olivenöl beträufelt und auf einem herzhaften Cracker oder frisch geröstetem Brot serviert werden. Einfach nur gut.

TIPP Verwendet nicht nur die Kräuter, die ihr zur Verfügung habt, sondern fügt der Mischung frisches Gemüse hinzu, z. B. eine in dünne Scheiben geschnittene Möhre oder kleine Blumenkohlröschen. Eine Prise Fenchel und ein oder zwei Scheiben rote Chilischote sorgen ebenfalls für köstliche Geschmacksnoten.

Teil 3
Pilze
im Porträt

Pilze für den Indoor-Anbau

Eine Fülle von Pilzen gedeiht, entsprechend versorgt, auch im Haus. Dort können sie das ganze Jahr über gezüchtet werden, und zwar inmitten deiner Zimmerpflanzen. Egal welcher Raum, egal wie groß: Hier ist bestimmt ein Pilzprojekt für dich dabei.

Die meisten der hier aufgeführten Pilze für den Indoor-Anbau (Seiten 160–169) brauchen Licht und häufiges Gießen, um zu wachsen. Ansonsten sind sie sehr pflegeleicht.

Lies mehr über den Start deiner Pilzkultur auf den Seiten 26–27.

Einer der größten Vorteile des Anbaus in Innenräumen ist das, was wir gerne als „Sammeln in der Küche" bezeichnen. So kannst du köstliche Pilze pflücken, ohne Angst haben zu müssen, dass du sie falsch bestimmst, und ohne das Risiko, dass sich Insekten vor dir an deiner Ernte laben. Viel Spaß beim Anbauen!

Portobello-Pilz, Riesenchampignon

Agaricus bisporus

Diese großen, weiß- oder braunhütigen Champignons sind leicht an ihren dicken, flachen Hüten und dem kurzen, weißen Stiel zu erkennen. Wild wachsende Champignons kommen auf Wiesen in ganz Europa und Nordamerika vor, werden aber auch weltweit kommerziell angebaut.

Portobellos werden geerntet, wenn sie ihre volle Größe erreicht haben und ihr Hut abgeflacht ist, so dass die dunkelbraunen oder rosafarbenen Lamellen sichtbar werden. Früh geerntete Portobellos werden als Button-, Weiße, Braune oder Cremini-Champignons bezeichnet (Seite 163).

Portobello-Pilze wachsen gern im Dunkeln auf sterilem, nährstoffreichem oder düngerhaltigem Kompost. Mit einer Schicht aus feuchtem Zeitungspapier, um die Oberfläche feucht und dunkel zu halten, können sie in Innenräumen oder im Freien bei Temperaturen von 18–23 °C kultiviert werden.

Die Riesenchampignons haben eine fleischige Konsistenz und werden oft gefüllt, mariniert und gebacken.

Button-, weiße oder Cremini-Champignons

Agaricus bisporus var. *bisporus*

Der bekannte weiße Champignon gehört zur selben Art wie der Portobello-Pilz (Seite 162), wird aber in anderen Wachstumsstadien geerntet – der Button- oder Baby-Champignon am frühesten.

Im Herbst findet man Champignons auf Wiesen, Feldern und Weiden in ganz Europa und Nordamerika. Außerdem werden sie weltweit in großen dunklen Lagerhäusern auf Schalen mit reichhaltigem Kompost angebaut.

Diese weißen Pilze benötigen kein Licht und können zu jeder Jahreszeit in Kästen zu Hause gezüchtet werden. Eines der ersten Sets für den Indoor-Pilzanbau, produziert in den 1980er-Jahren, enthielt diese Art; es bestand aus einer Styroporbox, die im Keller oder im Küchenschrank stehen konnte.

Eine braunhütige Variante des weißen Champignons ist der überall erhältliche braune Champignon. In der Kultur werden diese Pilze nach der Ernte häufiger ultraviolettem Licht ausgesetzt, was ihnen den Vitamin D-Schub gibt, für den sie so bekannt sind (dazu auch Seite 17). Button-, weiße, Cremini- und braune Champignons sind sehr vielseitig und haben einen klassischen, aber milden Pilzgeschmack – wir lieben sie gebraten und auf Toast mit viel Butter.

Cordyceps, Puppenkernkeule

Cordyceps militaris

Dieser parasitäre Pilz besiedelt den Körper von Insekten. Er infiziert, verzehrt und mumifiziert den Wirt, bevor er einen oder mehrere keulenförmige Fruchtkörper hervorbringt.

Cordyceps ist kein traditioneller Pilz mit Hut und Stiel, sondern besitzt einen leuchtend roten oder orangefarbenen Fruchtkörper und ist weltweit verbreitet. Die auch Puppenkernkeule genannte Art wird jedoch auch auf veganfreundlicherem Substrat, wie z. B. braunem Reis, kommerziell angebaut.

Der Cordyceps hat einen milden Pilzgeschmack mit süßen Honignoten und kann frisch oder getrocknet in der Küche verwendet werden. In der traditionellen chinesischen Kräuterkunde wird er in Tee eingeweicht und heutzutage häufig zu Pulver verarbeitet.

Enoki, Samtfußrübling

Flammulina filiformis

Kultiviert man diese Pilze im Haus im Dunkeln, entwickeln sie sich mit langen, dünnen, weißen Stielen und kleinen, mit Lamellen besetzten Hüten, die auf der Suche nach Licht weit emporwachsen. Die blassgelben bis fast weißen Enoki-Pilze sind für ihren süßen Geschmack bekannt. Traditionell in Ostasien angebaut, können sie in Plastikbeuteln oder Gläsern auf einem Substrat aus Laubholzsägemehl, Stroh und sogar auf Büchern kultiviert werden. Auch im Freien kann man sie auf Baumstämmen heranziehen. In diesem Fall sehen sie jedoch ganz anders aus: Sie haben eine dunklere Farbe und größere Hüte. Die Wildform *Flammulina velutipes* wächst meist auf Buchenholz.

Enoki sollten nicht roh verzehrt werden. Sie haben einen milden Geschmack und eine einzigartige Festigkeit. Gut passen sie in Suppen und Pfannengerichte.

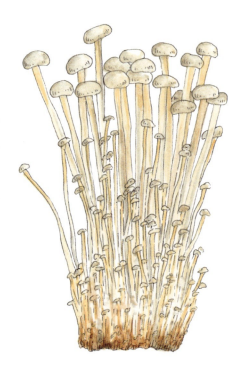

Reishi

Ganoderma lingzhi

Der dunkel gefärbte Reishi hat eine glänzende Oberfläche und eine narbige Unterseite. Wenn man beim Indoor-Anbau den CO_2-Gehalt in der Wuchsumgebung erhöht, entwickelt er ein zartes, skulpturales „Geweih" mit korallenähnlichen Formen.

In der Natur nimmt der Reishi eine eher nierenartige Form an und wächst an verrottenden Bäumen; er ist in Ostasien beheimatet, andere Arten dieser Gattung auch in Europa. In Innenräumen gedeihen sie in einem sonnigen, warmen Raum oder Gewächshaus, wenn sie auf einem mit Sägemehl angereicherten Substrat angebaut werden. In gemäßigteren Klimazonen kann man sie auch im Freien auf Laubholzstämmen kultivieren.

Reishi-Pilze werden traditionell nicht in der Küche verwendet, aber man kann sie trocknen und zu Tees und Tinkturen verarbeiten (Pilztinktur, Seite 136).

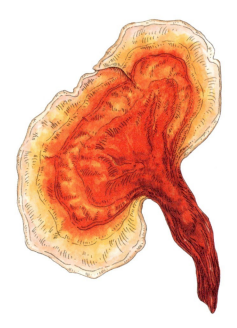

Igel-Stachelbart, Lion's Mane

Hericium erinaceus

Dieser auch als Löwenmähne oder Affenkopfpilz
bekannte Pilz hat ein fantastisches, mähnen- oder
bartähnliches Aussehen. Er wächst auf feuchten,
verrottenden Laubhölzern wie Eiche und Buche.

In Nordamerika, Asien und Europa beheimatet,
kommt er in Deutschland so selten vor, dass er in der
Roten Liste als „stark gefährdet" eingestuft wurde
und nicht geerntet werden darf. Zum Glück lässt er
sich leicht kultivieren und wächst problemlos in
Innenräumen auf einem Substrat aus Laubholzsägemehl oder im Freien auf beimpften Stämmen.

Der Igel-Stachelbart hat eine fast krabbenflei-
schartige Textur und ein delikates Aroma, das sich
beim Grillen oder Trocknen verstärkt. Er eignet sich
auch perfekt zum Marinieren.

Shiitake

Lentinula edodes

Im Japanischen bedeutet *shii* „Baum" und *take*
„Pilz". In der freien Natur wachsen Shiitake auf
toten, verrottenden Laubbäumen wie Eiche,
Edelkastanie und Rosskastanie, Ahorn und
Buche und bevorzugen warmes, feuchtes
Klima.

Shiitake können in Innenräumen auf Laubholzsägemehl, Getreide und Kaffeesatz gezüchtet werden. Wenn der Inkubationsprozess zu
Ende geht, beginnt der Substratblock braun zu
werden. Die dunkelbraune äußere Schicht
bildet eine schützende Kruste.

Diese Pilze können auch im Freien auf
Laubholzstämmen gezüchtet werden (Seite
86). So kann man das ganze Jahr über frische
Pilze ernten.

Das Verfahren des Aktivierens durch kaltes
Wasser bewirkt eine regelmäßige Fruchtkörperbildung. Shiitake sind frisch köstlich und
lassen sich auch gut trocknen. Sie haben ein
ausgeprägtes Umami-Pilzaroma, das Brühen
und Fonds aromatisiert.

Buchen-Schüppling
Pholiota adiposa

Dieser köstliche Feinschmeckerpilz ist nicht
mit dem gewöhnlichen braunen Champignon
zu vergleichen (Seite 163). Der auch Kastan-
enpilz genannte Pilz hat ein leicht zotteliges
Aussehen, blassgelbe Lamellen und einen
schuppigen Stiel. Er wächst in Innenräumen
auf Mixsubstraten, in der Natur auf toten oder
absterbenden Buchen.

    Kastanienpilze haben viele ungenießbare –
teils tödlich giftige – Doppelgänger, die unter
ähnlichen Bedingungen im Freien wachsen.
Man kann sie auch draußen auf Eichenstäm-
men kultivieren (Seite 86), sie müssen aber bei
der Ernte richtig bestimmt werden. Diese Pilze
haben einen milden Geschmack und werden
beim Kochen eher schleimig.

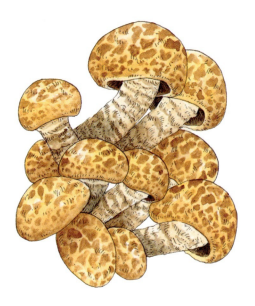

Zitronen-Seitling
Pleurotus citrinopileatus

Diese leuchtend gefärbten Pilze, die auch als
Goldene Austernpilze bekannt sind, wachsen
in dichten Büscheln und besitzen kleinere,
röhrenförmigere Hüte als ihre grauen und
rosafarbenen „Geschwister".

    Obwohl der Zitronen-Seitling in Asien
beheimatet ist, wächst er heute auf der ganzen
Welt und erscheint im zeitigen Frühjahr und
im Spätherbst, wenn das Wetter milder und
feuchter ist. Er gedeiht auf Laubholz, kann
aber uch auf Substraten wie Sägemehl, Stroh,
Sojaschalen und sogar Büchern und Jeansstof-
fen kultiviert werden.

    Zitronen-Seitlinge haben einen mild-nussi-
gen, delikaten Geschmack, ähnlich dem von
Cashewkernen – eine Bereicherung für jedes
Pasta- oder Salatgericht.

Rosen-Seitling
Pleurotus djamor

Diese leuchtend rosafarbenen Pilze sind
fächrig und zart und wirken voll ausgebildet
wie Blütenblätter. Sie mögen wärmeres Wetter und wachsen in tropischen Klimazonen
auf Hartholz. In Innenräumen zieht man sie
auf Substraten wie Kaffeesatz, Stroh und
Sägemehl bei einer Temperatur von mindestens 18 °C.

Sobald Rosen-Seitlinge zu wachsen
beginnen, entwickeln sie sich schnell und
sind in kürzester Zeit erntereif. Sie haben
einen einzigartigen Geschmack, der oft als
„fleischig" beschrieben wird oder an Meeresfrüchte erinnert. Gebraten werden sie
schön knusprig und sind eine fantastische
Ergänzung zu Risotto.

Brauner Kräuter-Seitling
Pleurotus eryngii

Mit ihren klobigen Stielen und den kleinen
Hüten mit den weit herablaufenden Lamellen
sind Kräuter-Seitlinge leicht zu erkennen.
Obwohl schwierig zu kultivieren, sind Textur
und Geschmack die Mühe wert.

Königs-Austernpilze, wie man sie auch
nennt, sind in Südeuropa, Nordafrika, Zent-
ralasien und Russland beheimatet, wo sie an
den Wurzeln von Laubbäumen wachsen. In
Innenräumen können sie in Keramikgefäßen
oder Plastikbeuteln auf einem Sägemehl-
Laubholzsubstrat gezüchtet werden.

Die festen Stiele kann man zerreißen, so
dass sie wie Pulled Chicken aussehen, oder
sie in Scheiben schneiden und sautieren,
um gebratene Jakobsmuscheln zu imitieren;
sie haben einen reichen Umami-Geschmack.
Als vielseitige, proteinreiche Pilze sind Kräuter-Seitlinge ein hervorragender Fleischersatz.

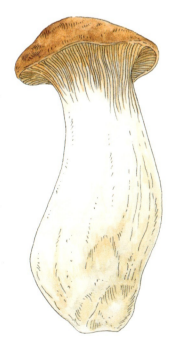

Grauer Austernpilz

Pleurotus ostreatus

Die Form dieses zarten Lamellenpilzes wird oft mit der einer Austernschale verglichen. In gemäßigten Klimazonen erscheint die Wildform des Austernseitlings vom ersten Frost an im Winterhalbjahr an abgestorbenen Bäumen.

Er ist ein robuster Pilz, dessen Kulturform das ganze Jahr über draußen oder im Haus auf diversen Substraten angebaut werden kann – von Kaffeesatz über Stroh bis hin zu Büchern und Kleidung. Graue Austernpilze haben einen milden Geschmack und können roh oder gekocht verzehrt werden; sie schmecken köstlich für sich allein, lassen sich aber auch hervorragend mit kräftigeren Aromen kombinieren.

Austernpilz-Hybride 'Schwarze Perle'

Pleurotus ostreatus × *P. eryngii*

Dieser Austernpilz ist eine Kreuzung aus dem leicht anzubauenden Grauen Austernpilz und dem Kräuter-Seitling.

Seine dunkleren Hüte und dickeren Stiele ähneln dem Kräuter-Seitling, aber er bleibt etwas schlanker und wächst in Büscheln wie der Graue Austernpilz.

Schwarze Perle-Austernpilze können in Innenräumen auf einem Laubholz-Sägespäne-Substrat oder auf Baumstämmen (z. B. Eiche) mit der Dübelmethode (Seite 87) gezüchtet werden.

Sie haben den würzig-erdigen Geschmack des klassischen Austernpilzes, aber eine dem Kräuter-Seitling ähnelnde Textur. Ideal eignen sie sich für Brühen, Fleischgerichte oder als Fleischersatz.

Reisstrohpilz

Volvariella volvacea

In ihrer Heimat Ost- und Südostasien werden Reisstrohpilze (auch: Dunkelstreifige Scheidlinge) jung und mit noch geschlossenem Hut geerntet. Sie gedeihen in feuchten, subtropischen Umgebungen und können bereits nach einer Woche erntereif sein, wenn die Temperaturen um 27 °C liegen. Strohpilze sind dafür bekannt, dass sie leicht zu kultivieren sind. Ihr Name leitet sich von dem Substrat ab, auf dem sie wachsen: In China werden sie vor allem auf Reisstroh angebaut, aber auch auf Baumwoll- und Weizenstroh gedeihen sie gut.

Strohpilze sind eine gute Eiweißquelle und werden gern in Gläsern konserviert. Ihr milder, erdiger Geschmack ist köstlich, wenn sie mit Knoblauchbutter gebraten, mit Nudeln serviert oder Suppen beigegeben werden.

Pilze für den Outdoor-Anbau

Hier stellen wir dir eine Vielzahl von Pilzen vor, die du in deinem Garten anbauen kannst, unabhängig von dessen Größe und Beschaffenheit. Der Anbau von Pilzen in deinem Garten oder auf deinem Balkon hat viele Vorteile, verbessert etwa den Boden und erhöht die Vielfalt der nützlichen Bodenlebewesen.

Wie stets empfehlen wir dir, jeden Pilz, den du ernten möchtest, eindeutig anhand von Hut, Stiel, Sporen und Fleisch zu bestimmen (Seiten 32–33). Im Freien besteht immer die Möglichkeit, dass ein anderer Pilz aus der schönen Umgebung, die du für deine Ernte geschaffen hast, Kapital schlägt. Vergewissere dich also, dass es sich um den Pilz handelt, den du auch anbauen wolltest. Wenn du einen neuen Pilz probieren möchtest, bestimme ihn sorgfältig oder noch besser, befrage einen Pilzsachverständigen.

Becherkoralle

Artomyces pyxidatus

Dieser besondere Pilz ist leicht an der kronenartigen Form der Stielspitzen zu erkennen. Er wächst meist auf verrottender Vegetation oder Holz in Bodennähe. Die in der Natur regional selten gewordene Becherkoralle ist nach ihrem korallenähnlichen Aussehen benannt. Ihre zahlreichen dünnen, cremefarbenen bis hellbraunen Äste recken sich nach oben und färben sich mit zunehmender Reife leicht rosa.

Die beste Erntezeit ist vom Frühsommer bis in den Herbst. Die Becherkoralle wächst auf vergrabenem Buchenholz, Holzhäckseln oder Mulch.

Das milde Aroma und sein zarter, erdiger Geschmack machen diesen Pilz zu einer guten Beilage; er kann auch paniert, gebraten oder eingelegt werden. Ähnlich aussehende Pilze können aber giftig sein. Achte daher bei der Ernte darauf, dass du den Korallenpilz korrekt bestimmst.

Schopf-Tintling

Coprinus comatus

Ein sehr häufiger, delikater Wildpilz mit walzenförmigem Hut. Schopf-Tintlinge sind weiß bis cremefarben und werden am besten in jungem Zustand geerntet, wenn die Hüte geschlossen und die Lamellen noch weiß sind. Mit zunehmender Reife färben sich die Lamellen schwarz, die Pilze werden tintenfarben und schmecken dann bitter.

Schopf-Tintlinge findet man im Spätsommer und bis in den Herbst häufig auf Wiesen und an den Rändern von Waldwegen. Sie können in Pilzbeeten auf Kokosfasern oder Stroh und Dung angebaut werden.

Am besten isst man sie ganz frisch oder friert sie sofort ein, denn sie beginnen bald nach der Ernte zu verderben. Unter „Pilztinte" (Seite 60) findest du Ideen, wie du diesen Pilz noch verwenden kannst.

Ochsenzunge

Fistulina hepatica

Dieser ungewöhnliche Porling trägt seinen Namen aufgrund seines Aussehens: Mit der roten, klebrigen Oberfläche sieht er jung wie eine Zunge aus, die aus der Seite einer Eiche wächst, und reif wie ein rohes Rindersteak.

Der auch als Leberreischling bezeichnete Pilz eignet sich für die Anzucht auf großen Stämmen, da er auf dem reichhaltigeren Nährstoffangebot gut gedeiht. Wir empfehlen den Anbau auf Eichen- und Edelkastanienstämmen per Dübelmethode (Seite 86). Er fruchtet in gemäßigten Klimazonen vom Spätsommer bis in den Spätherbst und wird am besten geerntet, wenn er noch jung ist.

Der leicht säuerliche Geschmack ist nicht jedermanns Sache, aber Ochsenzungen können schmackhaft sein, wenn man sie vor dem Zubereiten über Nacht mariniert.

Samtfußrübling

Flammulina velutipes

Der Samtfußrübling ist einer der wenigen Winterpilze, die nach den ersten Frösten oder Schneefällen erscheinen und bis ins Frühjahr wachsen können. Samtfußrüblinge leben auf abgestorbenen, verrottenden Laubbäumen wie Buche, Ulme, Esche und Eiche und können auch im Garten auf vielen Laubhölzern wachsen (Seite 86).

Im Freien wachsende Samtfußrüblinge sind in der Regel orange, gelb oder hellbraun – in der Mitte oft dunkler – mit weißen Lamellen und einem samtigen Stiel. Sie ähneln dem tödlich giftigen Gift-Häubling, also ist hier ganz besondere Vorsicht geboten!

In Innenräumen sehen Samtfußrüblinge ganz anders aus, haben längere Stiele und eine blassere Farbe.

Samtfußrüblinge mit ihrem süßen Geschmack ergeben eine köstliche Suppe. Sie müssen vor dem Verzehr immer gekocht werden; die Stiele können zäh sein und werden am besten getrocknet und zu Pilzpulver verarbeitet.

Maitake

Grifola frondosa

Der Maitake, auch als Gemeiner Klapperschwamm bekannt, zählt zu den Stielporlingen, hat also keine Lamellen, wie man sie von den häufigeren Pilzen kennt. Der mehrjährige Pilz bildet vom Spätherbst bis in den Winter Fruchtkörper und wächst an Baumstümpfen oder an den Wurzeln von Bäumen. Er gedeiht vorwiegend an Eichen und Edelkastanien, seltener an Linden, Ahorn und Ulmen in gemäßigten Klimazonen. Du kannst den Maitake draußen auf frisch gefällten, beimpften Laubholzstämmen kultivieren (Seite 120).

Der Maitake wird am besten jung und zart geerntet. Er entwickelt beim Zubereiten einen feinen, erdigen Geschmack.

Schwefelporling

Laetiporus sulphureus

Dieser auffällige Pilz ist leuchtend orange
bis goldgelb gefärbt. Er wächst vom späten
Frühjahr bis in den Spätsommer hinein auf
Baumstämmen und Ästen. Bei der Ernte achte
darauf, dass die Baumart unproblematisch ist –
wenn er auf der giftigen Eibe wächst, auf keinen Fall essen!

Glücklicherweise kann der Schwefelporling
auf Kirsche, Edelkastanie und Esche (Seite 86)
oder auf gestapelten Laubholzscheiben (Seite
120) gezüchtet werden. Er benötigt einen
schattigen Platz und regelmäßige Bewässerung.

Seinen Namen verdankt er seiner typischen
Farbe. Er wird am besten jung geerntet, dann
erinnern Konsistenz und Geschmack an Hühn-
chenfleisch. Vor dem Verzehr muss er gegart
werden: in der Pfanne anbraten, marinieren
oder für einen Eintopf verwenden.

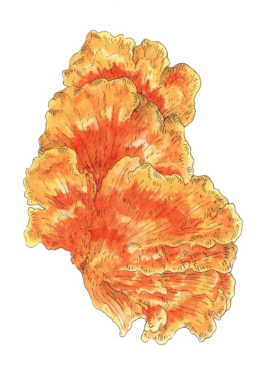

Speise-Morchel

Morchella esculenta

Die Speise-Morchel kommt in ganz Europa in
Wäldern und auf Weiden vor. Sie wirkt mit
ihrem dunklen, wabenförmig strukturierten Hut
sehr markant und erscheint im zeitigen Frühjahr, wenn es warm wird, aber die Witterung
noch feucht und die Nächte kühl sind.

Morcheln stehen in der Natur unter Schutz
und sind bekanntlich schwierig zu kultivieren.
Erfolg versprechend kann eine Kultur der nord-
amerikanischen Schwarzen Morchel mit Holz-
asche sein (Seite 125).

Der begehrte Pilz muss gründlich gegart
werden. Er hat einen delikaten Geschmack
und ein ausgeprägtes, erdiges Aroma und darf
nicht mit der Frühjahrs- oder Giftlorchel verwechselt werden, die giftig ist.

Nameko

Pholiota microspora

Der orange- bis bernsteinfarbene Nameko-Pilz zeichnet sich durch seine zarten Lamellen, den geraden Stiel und den feucht glänzenden Hut aus. Man findet ihn häufig auf den Hochebenen Nordasiens.

Per Dübelmethode (Seite 86) kann der Nameko auf Bündeln dünner Stämme oder Äste kultiviert werden; eine Schicht Laubstreu hält alles feucht. Die Pilze fruchten, sobald die Temperaturen im Herbst sinken; die Fruchtkörperbildung hält bis zum Winteranfang an. Für den Anbau dieser Pilze kannst du auch Nadelholz verwenden (Seite 132).

Nameko-Pilze sind eine wichtige Zutat für Misosuppe. Sie haben einen erdigen, Cashew-ähnlichen Geschmack, behalten nach dem Garen ihre Knackigkeit und lassen sich gut trocknen.

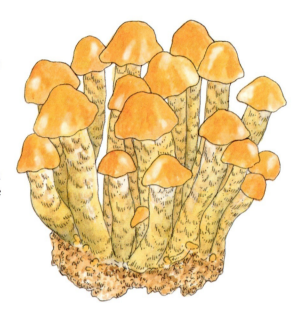

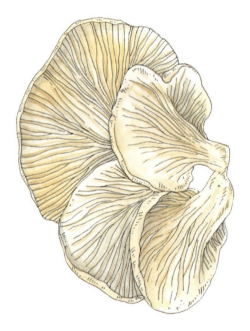

Rillstieliger Seitling

Pleurotus cornucopiae

Dieser prächtige helle Seitling besitzt ein sehr schnell wachsendes Myzel. Er kann sowohl im Sommer als auch im Winter draußen angebaut werden, wobei verschiedene Stämme passend zu unterschiedlichen Anbaubedingungen erhältlich sind.

Wie alle Austernpilze gehört der Rillstielige Seitling zu den saprotrophen Zersetzern (Seite 37) und wächst problemlos auf Stroh, Kaffeesatz oder Laubholzmulch. Besonders geeignet ist er für die Strohballen-Methode (Seite 92).

Sein subtiler Umami-Geschmack und sein fleischiger Hut und Stiel machen ihn zu einem idealen Bestandteil herzhafter Mahlzeiten.

Lungen-Seitling

Pleurotus pulmonarius

Dieser zart wirkende Pilz mit den kleinen, hellen Hüten gehört zur in gemäßigten Wäldern lebenden Gattung der Austernpilze. Der Lungen-Seitling mag warme Umgebungen und wächst auf einer Vielzahl von Laubhölzern und einigen Nadelbäumen.

Im Anbau ist er ein großartiger Anfängerpilz: auf Laubholzstämmen mit der Dübelmethode (Seite 86); auf Strohballen (Seite 92); in Pilzbeeten (Seite 104); in Gewächshäusern und Polytunneln (Seite 100). Die Art trägt den ganzen Sommer über Fruchtkörper, wenn sie gut bewässert wird und schattig steht.

Der Lungen-Seitling ähnelt dem Grauen Austernpilz und hat einen milden, klassischen Pilzgeschmack.

Riesen-Träuschling

Stropharia rugosoannulata

Diese Gartenriesen – auch als Braunkappen bekannt –, können mehr als 15–20 cm Durchmesser erreichen. Ihre rotbraunen Hüte und blassen Stiele sind den Herbst über in ganz Europa und Nordamerika zu sehen. Der Riesen-Träuschling ist ein anpassungsfähiger Pilz, der sich leicht in Beeten mit Laubstreu, Stroh oder Mulch anbauen lässt (Seite 108).

Mit seinem festen, hellen Fruchtfleisch ist dieser Pilz besonders köstlich, wenn er separat gegart wird.

Schmetterlings-Tramete

Trametes versicolor

Die Schmetterlings-Tramete ist ein bunter Stielporling mit Zonen aus braunen, violetten, blauen und grünen Farbtönen. Es ist ein kleiner, ungestielter Pilz, den man weltweit in großen Büscheln auf der Rinde oder den Stümpfen von Laubbäumen findet.

Der auch als Coriolus gehandelte Pilz ist für seine medizinische Wirkung bekannt und wird seit Tausenden von Jahren wegen seiner heilenden Eigenschaften konsumiert (Seite 184).

Er kann mit dem ungenießbaren Prächtigen Schichtpilz (*Stereum ostrea*) verwechselt werden.

Die Schmetterlings-Tramete kann auf fast allen Laubhölzern kultiviert werden, entweder mit der Dübelmethode (Seite 86) oder auf gestapelten Laubholzscheiben mit Schichten von Sägemehlbrut (Seite 120). Wichtig sind ein schattiger Platz und regelmäßiges Gießen.

Wir raten davon ab, Schmetterlings-Trameten zu essen, da sie eine zähe Textur haben, aber sie können getrocknet in Kaffee (Seite 146) und Tees (Seite 150) und Tinkturen (Seite 136) verwendet werden.

Wildpilze

Ein Ausflug zum Pilzsammeln kann pure Wellness sein – und bietet eine gute Gelegenheit, dir die Augen für die große Vielfalt an Pilzen zu öffnen, die in deiner Umgebung wachsen.

Hier stellen wir dir einige der besten Pilze vor, auf die du beim Wandern stoßen kannst. Wir haben zwar hauptsächlich essbare Pilze aufgelistet, aber beachte bitte, dass viele von ihnen ungenießbare oder giftige Doppelgänger haben. Die beste Einführung in die Welt der Wildpilze ist eine geführte Wanderung mit einem erfahrenen Pilzsachverständigen. Wenn du dir nicht absolut sicher bist, welche Art von Pilzen du gefunden hast, solltest du sie nicht essen. Kein Pilz ist es wert, seine Gesundheit zu riskieren!

Überprüfe immer alle Teile des Pilzes – vom Hut, dem Stiel, den Sporen und der Unterseite bis zu Fleisch und Geruch. Ein erfahrener Pilzführer wird dir die Unterschiede zwischen essbaren und giftigen Arten aufzeigen. Im Zweifelsfall lieber stehen lassen. Viel Spaß bei der Jagd!

Honiggelber Hallimasch
Armillaria mellea

Der faszinierende Hallimasch ist einer der wenigen Weißfäulepilze, der die gesunden Bäume, die er besiedelt, töten kann. Man erkennt ihn an seiner honiggelben bis hellbraunen Färbung und den kleinen, glänzenden, runden Hüten, die sich bei Reife abflachen. Außerdem fühlen sie sich klebrig an. Achte besonders darauf, dass du den Hallimasch nicht mit dem tödlich giftigen Gift-Häubling (*Galerina marginata*) verwechselst.

Hallimasche wachsen nicht nur in großen Büscheln an der Basis von lebenden, toten oder absterbenden Bäumen, sondern auch auf unter Gras versteckten Wurzeln.

Ernte sie, wenn sie noch jung sind, und entferne die Stiele. Die Hüte schmecken gut und eignen sich hervorragend zum Braten, Sautieren und für Suppen. Bei vielen Menschen haben sie jedoch eine stark abführende Wirkung.

Judasohr

Auricularia auricula-judae

Diese braunroten Pilze, die auch als Holunderpilze bekannt sind, wirken gallertartig und ihre Form ähnelt, wie der Name schon sagt, einer Ohrmuschel. Wenn sie getrocknet sind, können sie auch wie ein lederartiger, schwarzer Stoff aussehen.

Judasohren wachsen das ganze Jahr über an Laubbäumen – typischerweise Holunder (*Sambucus*) – in gemäßigten Wäldern und sind am ehesten nach feuchten Perioden zu finden.

Durch seinen sehr milden Geschmack eignet sich das Judasohr perfekt als Begleiter zu kräftigeren Aromen: Wir haben diese Pilze schon in selbstgebackenen Jaffa-Kuchen verwendet. Vor dem Verzehr immer gut durchgaren.

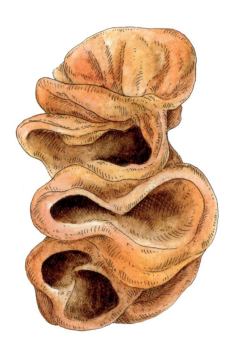

Steinpilz

Boletus edulis

Der Steinpilz, auch unter dem Namen Herrenpilz bekannt, hat einen dicken, blassen Stiel mit einer mehr oder weniger ausgeprägten Netzmusterung und einen fleischigen Hut. Die Unterseite zeigt helle Poren.

Steinpilze wachsen im Herbst auf der Nordhalbkugel am Boden von Laub- und Nadelwäldern, gern in der Nähe von Fichten, Kiefern und Kastanien.

Der Steinpilz ist ein beliebter Pilz, der laut Bundesartenschutzverordnung in unseren Wäldern aber nur in geringen Mengen für den Eigenbedarf gesammelt werden darf.

Steinpilze haben einen holzigen und erdigen Geschmack, der jedes Gericht bereichert. Mit ihrer festen Textur beim Garen sind sie bei Köchen besonders beliebt.

Großstäublinge, Boviste

Calvatia spp.

Der zu dieser Gruppe zählende Riesenbovist ist
einer der ersten Pilze, die gegen Ende des Sommers
erscheinen, und kann in Laubwäldern oder auf
gemähten Wiesen und Sportplätzen gefunden werden. Sein charakteristischer, runder, weißer Hut
kann die Größe eines Medizinballs erreichen, bleibt
aber meist fußballgroß.

Mit zunehmender Reife färbt sich der Pilz bräun-
lich. Bei reifen Großstäublingen wird der Hut
papierartig; wenn man ihn zusammendrückt, ver-
pufft der feine Sporenstaub im Inneren wie eine
Wolke und verteilt sich mit dem Wind.

Boviste werden am besten geerntet, wenn sie
jung und noch weiß sind und eine weiche, schwam-
mige Konsistenz haben. Meide Pilze, die Anzeichen
von Vergilbung oder Verbräunung aufweisen.

Junge Boviste in Scheiben schneiden, braten
und auf Toastbrot mit wenig Gewürz servieren.

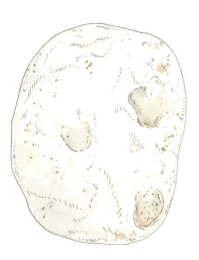

Echter Pfifferling

Cantharellus cibarius

Der Pfifferling hat einen unregelmäßig geformten Hut, der sich bei Reife trichterförmig nach
oben umstülpt. Dieser gelbe Pilz mit seinen
Leisten, die am Stiel herablaufen, ist leicht zu
erkennen, wird aber trotzdem nicht selten mit
dem sehr giftigen Spitzgebuckelten Raukopf
und dem ebenfalls lebensgefährlichen, aber
zum Glück sehr seltenen Leuchtenden Ölbaum-
pilz verwechselt. Den Pfifferling findet man in
Laub- und Nadelwäldern, oft aus einem Moos-
bett wachsend, da sie dort leichter zu entdecken sind.

Wichtig: Pfifferlinge stehen in Deutschland
nach der Bundesartenschutzverordnung unter
Schutz und dürfen nur in geringen Mengen
gesammelt werden. Das Pilzfleisch ist köstlich
und fest. Vergewissere dich beim Sammeln,
dass es sich nicht um den minderwertigen Falschen Pfifferling handelt.

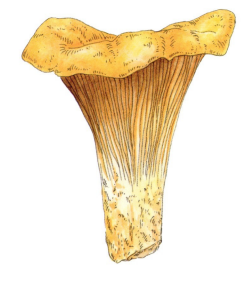

Schuppiger Porling

Cerioporus squamosus

Dieser Porling, der weltweit im Frühjahr auf Laubbäumen vorkommt, ist auch als Schuppiger Riesenporling bekannt: Sein Hut kann reif beträchtliche Ausmaße erreichen.

Der Schuppige Riesenporling wird jung gesammelt, da er im reifen Zustand zäh wird; der Stiel ist holzig und wird meist weggeworfen. Das saftige weiße Fruchtfleisch hat ein leicht süßliches Aroma, das mit zunehmender Reife erdiger wird. Dieser Pilz eignet sich gut zum Trocknen und zur Verwendung als Pulver (Seite 154) oder zur Herstellung von Brühe.

Violetter Rötelritterling

Clitocybe (Lepista) nuda

Charakteristisch für diesen Rötelritterling ist der lilafarbene oder rosa-violette Hut, dessen Färbung sich über Stiel und Lamellen erstreckt. Wenn der Pilz reift, flacht der Hut ab und rollt sich schließlich nach oben. Er hat einen ungewöhnlich süßen Geruch, manche meinen, er rieche wie Orangensaft. Der Waldblewit, wie man ihn auch nennt, wächst in dichten Wäldern Europas und Nordamerikas. Er wächst vom Herbst bis zum Winter aber auch vereinzelt im Frühjahr auf verrottender Laubstreu.

Dieser schmackhafte und fleischige Pilz schmeckt gut in Butter sautiert oder als Beilage zu Omelett oder gebratenem Reis.

Glimmer-Tintling

Coprinellus micaceus

Der Glimmer-Tintling ist ein saprotropher Pilz (Seite 37), der durch seinen gelbbraunen, glockenförmigen Hut und die dicht stehenden Lamellen gekennzeichnet ist. Saprotrophe Pilze ernähren sich von abgestorbenen Pflanzenteilen und Totholz, doch der Glimmer-Tintling ist nicht allzu wählerisch, so dass man ihn oft an der Basis von Bäumen, aber auch in Städten findet. Er wächst in dichten Büscheln. Der Glimmer-Tintling ist eng mit dem Schopf-Tintling (Seite 171) verwandt und bildet vom Frühjahr bis in den Herbst Fruchtkörper. Oft taucht er nach einer feuchten Periode bei mildem Wetter auf.

Dieser Tintling zerfällt nach dem Pflücken schnell und wird schwarz.

Herbsttrompete

Craterellus cornucopioides

Die dunkelgrauen bis fast schwarzen Pilze, die auch als Totentrompeten bekannt sind, können manchmal auf dem Waldboden schwer zu entdecken sein. Sie sind dünnfleischig, hohl und trichterförmig und können eine glatte oder auch faltige Struktur besitzen.

Herbsttrompeten wachsen in ganz Europa, Nordamerika und Asien unter Buchen, Eichen und anderen Laubbäumen, und zwar während der gesamten Pilzsaison bis zum Ende des Herbstes, wenn es kühler wird. Sie lassen sich leicht trocknen und haben einen kräftigen Geschmack, der jeder Mahlzeit eine unverwechselbare Umami-Note verleiht.

Kohlen-Kugelpilz
Daldinia concentrica

Der ungenießbare Kohlen-Kugelpilz, der aufgrund seiner Beschaffenheit und des Aussehens seiner kugelig-knolligen schwarzen Fruchtkörper manchmal auch als „Lebende Holzkohle" bezeichnet wird, wird häufig als Zunder zum Feuermachen verwendet. Er ist fest und trocken, und wenn man ihn aufschneidet oder halbiert, werden konzentrische Wachstumszonen sichtbar. Hält man ihn trocken, brennt er langsam und schwelt eine ganze Weile vor sich hin. Er ist ein langsam wachsender Pilz, der das ganze Jahr über auf toten Eschen, Buchen und anderem Laubholz wächst. Im Herbst, bei Sporenreife, ist durch das schwarzbraune Sporenpulver die ganze Umgebung des Pilzes wie mit Ruß bestäubt.

Birkenporling
Fomitopsis betulina

Fast ausschließlich Birken sind Wirte für diesen recht häufigen Porling, der relativ langsam wächst und mehr als ein Jahr überdauert, wenn er nicht gestört wird. Beim ersten Erscheinen ist der Birkenporling oft weiß und hebt sich gut von der Baumrinde ab, bevor er mit zunehmendem Alter grau-bräunlich wird.

Wenn der Pilz jung geerntet wird, kann man ihn in Scheiben schneiden und vor dem Garen marinieren. Häufiger wird er in Wasser eingeweicht, um seine medizinisch nutzbaren Anteile zu extrahieren, oder getrocknet und zu Pulver verarbeitet. Abgesehen von der Nutzung als Heilpilz und der Verwendung in der Küche macht die faserige Konsistenz des Birkenporlings ihn auch hervorragend geeignet für die Herstellung von Papier (Seite 56).

Semmel-Stoppelpilz

Hydnum repandum

Das namensgebende Merkmal dieses Pilzes sind seine feinen, hellen Stacheln, die die Hutunterseite bedecken. Der Hut ist meist hellbraun (semmelfarben) und unregelmäßig geformt. Der Semmel-Stoppelpilz ist ein Mykorrhizapilz (Seite 36), der in ganz Europa in der Nähe von Birken, Kiefern oder Buchen wächst. Da er nicht auf Regen angewiesen ist, bildet er Fruchtkörper, sobald die Temperaturen im Spätsommer sinken, und man findet ihn oft als klassischen „Hexenring".

Dieser Pilz wird am besten jung mit kurzen Stacheln geerntet, da er mit zunehmendem Alter und langen Stacheln bitter wird. Er ist bekannt für seinen süßen, nussigen Geschmack und seine knackige Textur. Wir empfehlen, lange Stacheln vor dem Garen zu entfernen, da sich dort die Bitterstoffe konzentrieren.

Schiefer Schillerporling, Chaga

Inonotus obliquus

Der Schillerporling ist ein parasitärer Pilz, der Laubbäume befällt. Seine Enzyme zersetzen das Holz und nutzen die Nährstoffe zum Wachstum – seine sterilen Knollen (eine Masse aus schwarzem Myzel), bekannt als Chaga-Knollen, beginnen in späteren Wachstumsstadien aus dem Baum herauszuragen.

Die langsam wachsenden Knollen sind nur an Birken, selten an Erlen zu finden und gedeihen in kälteren Klimazonen. Die Knollen sind außen dunkel, ähneln Holzkohle und sind innen zimtfarben.

Als Chaga sind die sterilen Knollen dieses Pilzes bekannt für ihre antioxidativen, entzündungshemmenden und das Immunsystem stärkenden Eigenschaften. Am besten konsumiert man ihn als Tinktur (Seite 138), die man durch Extraktion mit heißem Wasser, Alkohol oder beidem gewinnt. Der Chaga kann getrocknet zu Pulver für Speisen und Heißgetränke verarbeitet werden (Seiten 136–159).

Butterpilz

Suillus luteus

Der zur Gattung der Schmierröhrlinge zählende Butterpilz hat einen braunen Hut mit schleimiger Haut und blassgelben Röhren an der Unterseite. Man findet ihn oft in dichten Kiefernwäldern. Er bevorzugt ein beständiges, gemäßigtes Klima und taucht im Spätsommer und Herbst auf, wenn das Wetter noch mild, aber feucht ist.

   Vor der Zubereitung des Butterpilzes sollte man die schmierige Huthaut abziehen. Diese Pilze eignen sich gut für Eintöpfe, im Ganzen belassen, sautiert oder einfach mit etwas Knoblauch und Gewürzen gebraten. Sie besitzen keinen besonders starken Eigengeschmack.

Anmerkung der Autorinnen

Wenn ihr auf der Jagd nach „Wild Food" seid, müsst ihr in der Lage sein, das, was ihr da sammelt, richtig zu bestimmen – sonst solltet ihr es nicht essen. Verzehrt nie etwas, ohne es durch mehrere Quellen eindeutig identifizieren zu können – und esst nicht irgendwelche Pilze, nur weil ihr dieses Buch gelesen habt. Viele essbare Pilze haben Doppelgänger, die giftig sein können. Zudem sind nicht alle aus Pilzen gewonnenen Arzneimittel sicher. Bitte sammelt verantwortungsbewusst.

Register
und Dank

Register

Dank

Der Pilzanbau war jetzt nicht unbedingt das, was wir uns vor fünf Jahren erträumt hatten. Als Eltern in jungen Familien und zudem in Branchen tätig, die die Veränderung unserer persönlichen Lebensumstände nicht wirklich unterstützten, waren wir ständig auf der Suche nach einer Alternative. Nach etwas, in dem wir uns immer noch profilieren können, auf das wir stolz sind und das sich mit Schulzeiten und Sommerferien vereinbaren lässt.

Wir witzeln darüber, dass wir unsere 9-to-5-Jobs aufgegeben haben, um 24/7 zu arbeiten – aber das Kultivieren von Pilzen hat uns ein flexibles Unternehmen beschert, das von der Leidenschaft für etwas angetrieben wird, von dem wir zutiefst überzeugt sind. Ohne einige sehr wichtige Menschen in unserem Leben hätten wir das nicht geschafft.

Auf unserer Reise in den Pilzanbau haben wir unglaublich inspirierende Menschen kennengelernt, die uns Türen geöffnet und uns in Bereiche geführt haben, von denen wir nicht einmal zu träumen gewagt hätten. An dieser Stelle ein besonderes Dankeschön an alle, die zu diesem ganz besonderen Buch beigetragen haben – Arit Anderson, Helena Dove, Adam Johnson für seine Keramik, Adrian Ogden von Gourmet Mushrooms, Craig von Marvellous Mushrooms, Cultivate London und The Salopian Gardens, Fotograf Nicky Allen, das Team und die Gemeinschaft von GroCycle, Sarah und Hugh von der Applesham Farm und Lauren für alles. Nicht zu vergessen unsere Freunde und Familien, die bereitwillig Testpersonen für unsere neuen Projekte waren.

Unseren Eltern, die wir sehr vermissen, weil sie uns die Einstellung vermittelten: „Wir können es schaffen – nur weil wir nicht wissen, wie es geht, lassen wir uns davon nicht abhalten."

Unserem Vater, weil er uns praktische Fähigkeiten vermittelte, und unserer Mutter, weil sie sich nie an die Regeln gehalten hat oder der Masse gefolgt ist.

Unserem jüngeren Bruder Nigel, der uns zu Beginn mit seiner praktischen Unterstützung und seinem wachsenden Enthusiasmus zur Seite stand; wir haben unseren ersten Anzuchtraum in seiner Garage eingerichtet. Wir sind sehr stolz auf das, was er erreicht hat.

Danke an unsere Familien, die uns auf unserem Weg unterstützt und mit uns gefeiert haben – für ihren Stolz, ihr Vertrauen und die warmen Mahlzeiten.

Und schließlich wollen wir uns gegenseitig danken – als Schwestern, Freundinnen und Geschäftspartnerinnen. In unserem Duo ist eine von uns immer der Gegenpol für alle scheinbar lächerlichen Ideen und gleicht die andere mit praktischen Bedenken und der einen oder anderen Tabelle aus, während die zweite mit leidenschaftlichem Enthusiasmus vorprescht. Aber wir halten immer zusammen und uns gegenseitig die Hand, wenn Lampenfieber oder das Imposter-Syndrom einsetzen.

Das Leben ist eine Lernreise, und ich bin so dankbar, mit euch auf dieser Reise zu sein.

Ein Hoch auf das Entdecken seiner Berufung in den 40ern, auf Frauen, die sich gegenseitig stärken, und auf das Eintauchen ins „rabbit hole" der Pilze. In diesem Buch geht es darum, all das, was wir gelernt haben, mit denen zu teilen, die von der Magie der Pilze genauso begeistert sind wie wir.

Lorraine & Jodie

Bildquellen

Die Fotos, auch das Coverfoto, stammen von **Nicky Allen** mit Ausnahme der folgenden, mit freundlicher Genehmigung:
Adrian Ogden of Gourmet Woodland Mushrooms www.gourmetmushrooms.co.uk: S. 125–127; Caley Brothers: S. 7, 15 and 16; Getty/ilyasov: S. 124; Getty/Jakob Valling: S. 38; Shutterstock/Coulanges: S. 105; Shutterstock/MN Studio: S. 86
Die Grafiken stammen von **Katie Putt**.

Impressum

Anmerkung zur Schreibweise (Gendering):
Gendergerechtigkeit und Inklusion sind bei uns gelebte Praxis – bei der Auswahl unserer Themen, bei der Recherchearbeit, in der Gestaltung. Unsere Texte meinen alle. Damit unsere Inhalte jedoch gut lesbar bleiben, verzichten wir in diesem Werk auf die jeweilige Mehrfachnennung oder Anpassung der Schreibweise bestimmter Bezeichnungen an die weibliche, männliche oder diverse Form.

Bibliografische Information der Deutschen Nationalbibliothek

Die Deutsche Nationalbibliothek verzeichnet diese Publikation in der Deutschen Nationalbibliografie; detaillierte bibliografische Daten sind im Internet über http://dnb.d-nb.de abrufbar.

© 2024 Frances Lincoln, an imprint of Quarto Publishing Plc
Text © 2024 Lorraine Mary Caley and Jodie Anne Bryan
Design © 2024 Quarto Publishing Plc
Original title: *Project Mushroom – A modern Guide to Growing Fungi* in English
First published in 2024 by Frances Lincoln, an imprint of The Quarto Group, 1 Triptych Place, London SE1 9SH, United Kingdom
All rights reserved

German translation © 2025 Eugen Ulmer KG
Wollgrasweg 41, 70599 Stuttgart (Hohenheim)
E-Mail: info@ulmer.de
Internet: www.ulmer.de
Projektleitung: Ina Vetter, Jennifer Zajonz
Übersetzung und Lektorat: Regina Franke
Herstellung: Isabell Scherrieble
Umschlaggestaltung: Katja von Ruville, Frankfurt a. M.
Satz: r&p digitale medien, Leinfelden
Printed in China

ISBN 978-3-8186-2487-3